SAMMLUNG GÖSCHEN BAND 863

# Geschichte der Philosophie

## IV

## Die griechische Philosophie

### Vierter Teil

### Von der Alten Stoa bis zum Eklektizismus im 1. Jahrhundert v. Chr.

Von

Dr. Wilhelm Capelle

Honorarprofessor der Hamburgischen Universität

Zweite, stark erweiterte Auflage

WALTER DE GRUYTER & CO.

vormals G. J. Göschen'sche Verlagshandlung — J. Guttentag, Verlagsbuchhandlung — Georg Reimer — Karl J. Trübner — Veit & Comp.

Berlin 1954

Archiv-Nr. 11 08 63
Satz und Druck Buchkunst, Berlin W 35
Printed in Germany

# Inhalt

# Literatur

Eduard Zeller, Die Philosophie der Griechen II 1. Fünfte Auflage, Leipzig 1922.

Derselbe, Die Philosophie der Griechen II 2. Dritte Auflage, Leipzig 1880.

Derselbe, Die Philosophie der Griechen III 1. Vierte Auflage, Leipzig 1909.

Derselbe, Grundriß der Geschichte der griechischen Philosophie. 13. Auflage, neu bearbeitet von Wilhelm Nestle. Leipzig 1928.

Wilhelm Windelband, Geschichte der alten Philosophie. Vierte Auflage, bearbeitet von H. Goedeckemeyer. München 1923.

Ueberweg, Grundriß der Geschichte der Philosophie des Altertums. Zwölfte, umgearbeitete und erweiterte Auflage von Karl Praechter. Berlin 1926.

H. v. Arnim, Die europäische Philosophie des Altertums (Kultur der Gegenwart I 5). Zweite Auflage, Berlin und Leipzig 1913.

Rudolf Eucken, Die Lebensanschauungen der großen Denker. 20. Auflage, Berlin 1950.

Hans Meyer, Geschichte der alten Philosophie (Band X der philosophischen Handbibliothek), München 1925.

Max Wundt, Geschichte der griechischen Ethik. 2 Bände. Leipzig 1908 und 1911.

R. v. Pöhlmann, Geschichte der sozialen Frage und des Sozialismus im Altertum. 2 Bände. München 1912.

Erwin Rohde, Psyche. 10. Auflage, Freiburg, Tübingen, Leipzig 1925.

H. Siebeck, Geschichte der Philosophie I 2, Gotha 1884.

M. Pohlenz, Staatsgedanke und Staatslehre der Griechen. Leipzig 1923.

Ernst Cassirer und Ernst Hoffmann, Geschichte der antiken Philosophie. Berlin 1925.

Prantl, Geschichte der Logik im Abendlande I, Leipzig 1855.

Julius Kaerst, Der Hellenismus. 3 Bände. 2. Auflage, Leipzig und Berlin 1926 ff.

Wilhelm Nestle, Die Sokratiker. 2 Bände, Jena 1922.

Wilhelm Nestle, Die Nachsokratiker. 2 Bände, Jena 1923.

Paul Wendland, Die hellenistisch-römische Kultur in ihren Beziehungen zu Judentum und Christentum. 2. Auflage, Tübingen 1912.

Clemens Bäumker, Das Problem der Materie in der antiken Philosophie. Münster 1890.

Bruno Bauch, Das Substanzproblem in der griechischen Philosophie. Heidelberg 1910.

Kafka und Eibl, Der Ausgang der antiken Philosophie. Leipzig 1930.

R. Heinze, Xenokrates. Leipzig 1892.

Lang, De Speusippi fragmentis. Bonner Dissertation 1911.

Hermann Siebeck, Aristoteles. 3. Auflage, Stuttgart 1910.

Piat, Aristote. Paris 1912.

Werner Jaeger, Aristoteles. Berlin 1923.

Derselbe, Die Entstehung der aristotelischen Metaphysik. Berlin 1914.

H. Maier, Die Syllogistik des Aristoteles, I 1896. II 1900.

Aristoteles Metaphysik, ed. H. Bonitz.[2] Berlin 1848.

Aristoteles Metaphysik, erklärt von Schwegler.[2] Tübingen 1848.

Aristotle, Metaphysics by H. D. Roß, Cambridge 1924.

Aristoteles, Metaphysik, übersetzt von Lasson. Jena 1909.

Aristotle, De anima with translation, introduction and notes by R. D. Hicks. Cambridge 1907.

Poppelreuter, Zur Psychologie des Aristoteles, Theophrast, Straton. Leipzig 1891.

Hermann Diels, Das physikalische System des Straton (Abhandlungen der Preußischen Akademie der Wissenschaften). Berlin 1893.

W. Capelle, Straton von Lampsakos (Artikel Straton 13, in der R. E. von Pauly-Wissowa-Kroll, Band IV a 278 ff.).

Hermann Usener, Epicurea. Leipzig 1892.

Johannes Mewaldt, Die geistige Einheit Epikurs. Halle 1927.

Hans von Arnim, Stoicorum veterum fragmenta. 3 Bände, Leipzig 1903 bis 1912.

Paul Barth, Die Stoa. 5. Auflage, neu bearbeitet von A. Goedeckemeyer. Stuttgart 1941.

August Schmekel, Die Philosophie der mittleren Stoa. Berlin 1892.

Werner Jaeger, Nemesios von Emesa. Berlin 1914.

Karl Reinhardt, Poseidonios. München 1920.

Derselbe, Kosmos und Sympathie. München 1923.

A. Goedeckemeyer, Geschichte des griechischen Skeptizismus. Leipzig 1913.

W. Theiler, Die teleologische Naturansicht in der antiken Philosophie. Zürich 1925.

Derselbe, Die Vorbereitung des Neuplatonismus. Leipzig 1930.

A. Bonhöffer, Epiktet und die Stoa. Stuttgart 1890.

Derselbe, Die Ethik des Stoikers Epiktet, Stuttgart 1894.

Derselbe, Epiktet und das Neue Testament. Gießen 1911.

Wilhelm Windelband, Lehrbuch der Geschichte der Philosophie, 3. Auflage, Tübingen 1903.

Adolf Dyroff, Die Ethik der alten Stoa, Berlin 1897.

Max Pohlenz, Antikes Führertum (Cicero de off. und das Lebensideal des Panaitios). Leipzig 1934.

Derselbe, Der hellenische Mensch. Göttingen 1947.

Derselbe, Die Stoa. 2 Bd. Göttingen 1948—49.

Derselbe, Stoa und Stoiker. Zürich 1950.

Derselbe, Gestalten aus Hellas. München 1951.

Karl Gronau, Poseidonios und die jüdisch-christliche Genesis-Exegese. Leipzig 1914.

Franz Boll, Die Entwicklung des astronomischen Weltbildes im Zusammenhang mit Religion und Philosophie (Kultur d. Gegenwart III 3). Leipzig 1913.

Derselbe, Sternglaube und Sterndeutung (Die Geschichte und das Wesen der Astrologie) unter Mitwirkung von Carl Bezold dargestellt). 3. Auflage nach d. Verf. Tode herausgegeben von Wilhelm Gundel. Leipzig 1926.

Franz Cumont, Les religions orientales sous l'empire Romain. Paris 1929.

Derselbe, Astrology and religion among the Greek and Romans. New York und London 1912.

Derselbe, Fatalisme astral et religions antiques. Paris 1913.

Tatakis, Panétius de Rhodes. Paris 1931.

Grumach, Physis und Agathon in der alten Stoa. Berlin 1932.

Wilhelm Capelle, Epiktet, Wege zu glückseligem Leben. Zürch 1948, 2. Auflage 1951.

Derselbe, Marc Aurel, Selbstbetrachtungen. Eingeleitet und verdeutscht, 8. Aufl., Stuttgart 1953.

**Derselbe**, die Artikel „Diatribe", „Epiktet", „Nächstenliebe", „Seelsorge", „Wanderprediger" im „Reallexikon für Antike und Christentum" (RAC). **Im Druck.**

Karl Deichgräber, Die griechische Empirikerschule, Berlin 1930.

---

## Zeichenerklärung.

⟨ ⟩ = erläuternde Zusätze des Verfassers.

S e c h s t e s B u c h

# Die hellenistische Philosophie

Z w e i t e s K a p i t e l

## Epikur

Das Leben des Atheners E p i k u r fällt in die Zeit von 341/40 bis 271/70 vor Chr. Seine Jugend verlebt er auf der damals athenischen Insel Samos. Schon als angehender Jüngling hört er dort den Platoniker Pamphilos, ist aber von dessen Person und Lehre so wenig erbaut, daß ihn sein Vater nach Teos (nördlich von Samos an der kleinasiatischen Küste) zu dem Demokriteer Nausiphanes sendet. Dessen Lehren haben auf den jungen Epikur, der sich durch ungewöhnliche geistige Aufgeschlossenheit auszeichnet, tiefsten, ja in gewissem Sinne entscheidenden Einfluß ausgeübt. Denn durch Nausiphanes lernt er gründlich die atomistische Lehre des Demokrit kennen, wahrscheinlich auch schon (durch Nausiphanes vermittelt) die Anschauungen des Skeptikers Pyrrhon, dessen Lehre von der „Ataraxie" als Hauptziel des Menschen auf ihn unauslöschlichen Eindruck gemacht hat. Aber die grundsätzliche Skepsis des Pyrrhon lehnt er offenbar, weil seinem eigenen Charakter gänzlich zuwider, mit sicherem Instinkt a limine ab. Kaum 18 Jahre alt muß er jedoch seine Studien unterbrechen, um als Ephebe in Athen seiner Dienstpflicht zu genügen. — Nach Alexanders Tode und der Vertreibung der Athener aus Samos siedelt er nach Kolophon über, wohin sein Vater schon vorher ausgewandert war. 32 Jahre alt eröffnet er eine eigene Philosophenschule in Mytilene auf Lesbos, einige Jahre später in Lampsakos und geht im Jahre 306 nach Athen, wo er als Haupt der von ihm begründeten Schule, für die er schon zu Anfang seiner dortigen Wirksamkeit außerhalb der Stadt ein Grundstück, „den Garten" erworben hatte, bis zu seinem Tode, also 36 Jahre lang, nur selten die Stadt zwecks kürzerer Reisen zu seinen Anhängern in den kleinasiatischen Küstenstädten verlassend, mit eigentümlichen Erfolg gelehrt und auf seine zahlreichen Jünger und Jüngerinnen durch seine Persönlichkeit einen unauslöschlichen Eindruck gemacht hat. Denn von „Jüngern" darf man hier sprechen, da sich hier um den schon zu Lebzeiten vergötterten Meister eine Art Gemeinde bildet, deren spätere auswärtige Mitglieder durch einen äußerst regen Briefwechsel des Meisters mit ihnen in ständiger innerer Verbindung mit der Urgemeinde blieben. — Epikur hat eine außerordentlich umfangreiche literarische Tätigkeit entfaltet, von der uns freilich fast nur Trümmer erhalten sind, die z. T. noch der Wiedererweckung aus den Herkulänensischen Papyrosrollen harren. Hauptquellen seiner Lehre sind für uns Diogenes Laertius, Buch X, und das Werk des lateinischen Dichters Lukrez, daneben manche Schriften des Cicero und Plutarch und anderes; bei Diogenes Laertius sind auch einige Briefe des Epikur erhalten, von denen der erste und dritte unzweifelhaft echt sind, während die „Herren-Lehren" (κύριαι δόξαι) offenbar noch unter den Augen des Epikur von einem seiner Jünger, wenn nicht von ihm selber, formuliert und zusammengestellt sind. Die antiken Nachrichten über Leben, Schriften und Lehre des Epikur, die freilich seitdem durch jüngere Forscher hier und da vervollständigt sind, hat Usener in seinem grundlegenden Werk „Epicurea" (Leipzig 1887) herausgegeben. Nach Useners Fragmentsammlung wird noch heute zitiert.

Mit Epikur, seiner Person und seiner Lehre, hat es in der Geschichte der griechischen Philosophie eine ganz besondere Bewandtnis. Denn dieser Epikur ist keineswegs nur ein „Lehrer" oder Professor der Philosophie gewesen, vielmehr in einem nahezu religiösen Sinne der Gründer einer ihm ganz persönlich anhängenden „Gemeinde", mit der er fern dem Geräusch der Stadt in seinem „Garten" zusammen gelebt hat, nicht als ihr „Lehrer", sondern als ihr väterlicher Freund, ja man darf sagen als ihr „Seelsorger", der sie mit Rat und Tat und durch eigenes Beispiel für sein Ideal dank intimster Freundschaft und echter Humanität gewinnt. Wie er denn auch später mit einem Kreise seiner Jünger, die nach Kleinasien übergesiedelt waren, in regem

Briefwechsel über das menschliche Leben und dessen wahres Ziel wie auch über ihre persönlichen Nöte gestanden hat. — Wir haben hier in Wahrheit das Beispiel einer quasi religiösen Sekte, die völlig isoliert von Staat und Gesellschaft in dem Garten des Meisters ein Sonderleben in schönster Eintracht und Harmonie ganz für sich in der Stille führt, ohne sich um die Händel und Streitigkeiten dieser Welt auch nur im geringsten zu kümmern. Eine in der gesamten Geschichte der griechischen Kultur, ja der europäischen vorchristlichen Menschheit, einzig dastehende Tatsache. Aber auch mit der Philosophie des Epikur hat es eine besondere Bewandtnis. Nicht ohne eine gewisse Berechtigung hat Wilamowitz in seinem Platon-Werk gesagt, ein Philosoph sei Epikur nicht gewesen, und jedenfalls ist dieser nie und nimmer ein „wissenschaftlicher Kopf" gewesen. Das zeigt schon seine völlige Ignorierung der gewaltigen Denkarbeit der Vorsokratiker (abgesehen von der Atomistik) und ebenso des Sokrates, Platon und Aristoteles, wie auch seine völlige Mißachtung der Mathematik. Und in naturwissenschaftlichen Dingen vertritt er vielfach geradezu den Standpunkt eines Primitiven (behauptet er doch, die Sonne sei nur so groß, wie sie uns erschiene!).

Aber er ist mit erstaunlicher Konsequenz ein Führer zu einer — wie er wähnte — wissenschaftlich fundierten Lebenskunst gewesen, die — ihre Grundvoraussetzung einmal zugegeben — den Menschen zu innerer Freiheit und Frieden der Seele, d. h. zur Eudaimonia bringen muß. Und er ist das nicht nur in der Theorie gewesen, sondern er hat in intimster langjähriger Lebensgemeinschaft mit seinen Jüngern (zu denen auch einzelne Frauen, ja sogar einige Sklaven gehörten) dies „Ideal" bis zu seinem letzten Hauch verwirklicht. Auch dies in der Geschichte der vorchristlichen Menschheit eine einzig dastehende Tatsache.

Wirklich bedeutsam in Leben und Lehre des Epikur ist aber vor allem dieses: die Tatsache nämlich, daß er den Menschen ganz auf sich selbst stellt, d. h. daß er lehrt, daß der Mensch die Möglichkeit zur Glückseligkeit ganz in sich selber birgt, dank den durch die Natur in ihn gelegten physischen und geistigen Gaben.

Das war etwas Ungeheures in der damaligen griechischen Kultur. Das Zweite ist seine grundsätzliche Bekämpfung jeder Art von „Mythen“, d. h. von Aberglauben (Deisidaimonia), überhaupt seine Ablehnung jeder Art von übernatürlicher Einwirkung auf die Welt und nun gar auf den Menschen. Gerade hierdurch ist Epikur schon im Altertum für viele (so für den Römer Lukrez) ein wahrer Prophet, ja ein Erlöser von Todesfurcht und Götterfurcht geworden. Dazu kommt — als eine Voraussetzung seiner tief- und weitreichenden Wirkung auf Mit- und Nachwelt — nicht nur die folgerichtige zielbewußte Konsequenz seiner Lehre vom Wege zur wahren Glückseligkeit, sondern auch die Tatsache, daß er sie auf die primären Grundtatsachen der menschlichen Existenz, die sinnliche Wahrnehmung und die Urtatsachen von Lust und Schmerz in jedem menschlichen Individuum gründet.

Auf das Ganze gesehen, darf man freilich nicht von epikureischer „Philosophie“ im strengen Sinne des Wortes — nun gar im Sinne eines Sokrates, Platon oder Aristoteles — sprechen; besser vielleicht von einer Anthroposophie auf rein natürlicher Grundlage, wenn auch mit vermeintlich wissenschaftlichen Argumenten unterbaut.

Von neueren Darstellungen der epikureischen „Philosophie“ ist m. E. die beste, weil tiefgründigste und umfassendste die von Hans v. Arnim[1]), die auch durch begriffliche Schärfe und besonnene Kritik ausgezeichnet ist. Ganz hervorragend ist dann die Schrift von Johannes Mewaldt, Die geistige Einheit Epikurs. Halle 1927. Auch das feine Büchlein desselben Verfassers „Epikur. Philosophie der Freude“ (Stuttgart 1949) ist zur Einführung besonders geeignet. — Der tiefer Interessierte wird auch die feinsinnige, äußerst besonnene und gründliche Darstellung der epikureischen Lehre von Karl Praechter[2]) mit Nutzen lesen und auch die wertvolle Skizze von Rudolf Eucken nicht vergessen[3]).

---

[1]) In der „Kultur der Gegenwart“ I 5 (Berlin u. Leipzig 1913).
[2]) S. oben in dem Literaturverzeichnis.
[3]) Lebensanschauungen der großen Denker, S. 86 f.

Epikur hat sich gerühmt, daß er in der Philosophie überhaupt keine „Lehrer" gehabt habe, aber wir wissen sowohl durch antike Zeugnisse (teilweise schon seiner persönlichen Jünger) und ebenso aus den Fragmenten seiner Schriften, daß er durchaus auf den Lehren großer Vorgänger, vor allem des Demokrit, fußt. Von seinen Jüngern sind am bekanntesten Metrodor, „paene alter Epicurus" ⟨Cicero⟩. und Hermarchos, Epikurs Nachfolger als Haupt der Schule. Von modernen Darstellungen der Persönlichkeit Epikurs sind besonders beachtenswert die von Eduard Schwartz (Charakterköpfe aus der antiken Literatur II) und die von Heinrich Gomperz (in seinem Buch „Die Lebensauffassung der griechischen Philosophen" usw., Jena 1927); die letztere birgt freilich neben manchen psychologischen Entdeckungen auch manches Problematische.

Die Philosophie ist nach Epikur die Kunst des glückseligen Lebens, genauer eine Betätigung, die durch wissenschaftliche Erörterungen und Untersuchungen das glückselige Leben bewirkt. Schon hieraus ergibt sich, daß Physik und Logik bei ihm höchstens Mittel zu diesem Endzweck sein können.

## Die epikureische Philosophie

### 1. Die Kanonik

Die eigentliche Logik verwirft Epikur freilich als unnütz, ja abwegig; die Physik, die als Erkenntnis der naturgegebenen Wirklichkeit die Grundlage des glückseligen Lebens ist, bedarf der Dialektik ebensowenig wie die Ethik. Daher kann von einer eigentlichen „Logik" des Epikur, der nicht nur Definitionen und Einteilungen, sondern auch die Lehre von den Beweisen und Schlüssen und die Auflösungen von Trugschlüssen als völlig unnütz verwirft, keine Rede sein. Nur von seiner — historisch betrachtet reichlich primitiven — Erkenntnislehre als der Einleitung zur eigentlichen Philosophie muß hier kurz gesprochen werden, zumal er selber der Ansicht war, daß diesen Teil der Philosophie ihr Jünger zuerst kennen lernen müsse.

Diesen Teil nennt Epikur die „Kanonik" ⟨κανών = Richtschnur, Maßstab; also „Kanonik" die Lehre von den Maßstäben, nämlich des Erkennens⟩.

Epikur nimmt bei seiner Erkenntnislehre augenscheinlich Rücksicht auf die gleichzeitige, genauer um ein oder zwei Jahrzehnte ältere, Skepsis des Pyrrhon von Elis. Da aber Epikurs gesamtes philosophisches Denken im Grunde rein ethisch orientiert ist und er daher für das praktische Leben feste Maßstäbe des Erkennens für unentbehrlich hält, kommt der „Agnostizismus" eines Pyrrhon für ihn nicht in Frage. Da für ihn aber infolge seines materialistischen „Grunderlebnisses" nur eine sensualistische Erkenntnislehre möglich war, also nur die Sinneswahrnehmung als Kriterium in Frage kommen konnte, mußte er, wie insbesondere Hans von Arnim lichtvoll gezeigt hat, die Wahrheit der sinnlichen Wahrnehmung unter allen Umständen zu retten suchen, obgleich diese durch die sogenannten Sinnestäuschungen und Widersprüche in der Wahrnehmung desselben Objektes von seiten desselben oder verschiedener Subjekte widerlegt zu werden scheint. Wenn er trotzdem die absolute „Wahrheit" der Sinneswahrnehmung aufrechthalten wollte, mußte er die genannten beiden Gegeninstanzen in einer Weise erklären, daß dadurch der Irrtum von der sinnlichen Wahrnehmung als solcher auf einen anderen Faktor abgewälzt wurde, indem er zugleich zeigte, daß es sich hier nur scheinbar um einen Irrtum der Wahrnehmung handle. Die Lösung dieser Aufgabe unternimmt Epikur vermittels der demokritischen Theorie von den „Bildchen" ⟨Eidola⟩, die sich ständig von den Gegenständen in unsichtbarer Feinheit absondern, mit ungeheurer Geschwindigkeit den Raum durcheilen und auf unser Auge treffen. Über solche „Bildchen" sagt die Sinneswahrnehmung stets die Wahrheit aus, da sie, die an sich vernunftlos und keiner Erinnerung fähig ist, von sich aus dem Inhalt des Bildchens weder etwas hinzusetzt noch wegnimmt, überhaupt nichts an diesem ändert. Erst wenn wir uns durch den Logos, in Form der „Doxa" ⟨der willkürlichen „Meinung"⟩, ein Urteil über die objektive Wahrheit des durch das Bildchen verursachten Sinneseindrucks bilden, besteht die Möglichkeit des Irrtums, der also nicht dem Bereich der sinnlichen Wahrnehmung, sondern dem des Denkens angehört. Wie aber ist solcher Irrtum möglich? Einmal dadurch, daß sich oft die Bildchen auf dem Wege von ihrem Objekt zu unserem Sinnesorgan verändern: d. h. verschieben. Es können aber auch gelegentlich durch rein zufällige Vereinigung verschiedener Atomgruppen „Bildchen" entstehen, denen keine objektive Wirklichkeit in Gestalt fester Körper entspricht. Wenn aber bei verschiedenen Subjekten manchmal von demselben Objekt verschiedene Sinneswahrnehmungen entstehen, so daß auch hier die eine Partei zu irren scheint, so liegt dies daran, daß von jedem Objekt Atomgruppen der verschiedensten Art ausströmen, von denen das einzelne Subjekt nur diejenigen aufzunehmen vermag, die seinen individuellen Poren der Sinnesorgane symmetrisch sind.

Wie aber kann der von der „Doxa" begangene Irrtum berichtigt bzw. die Richtigkeit oder Unrichtigkeit der „Doxa" erwiesen werden? Hierauf hat Epikur nur die Antwort: durch wiederholte und verschärfte sinnliche Wahrnehmung („aus der Nähe" des betreffenden Gegenstandes): hierbei ergibt sich dann eine Bestätigung (ἐπιμαρτύρησις) oder Widerlegung (ἀντιμαρτύρησις) der „Meinung" oder aber zwar keine Bestätigung, aber auch keine Widerlegung dieser. Nur das letztere ist möglich bei Erkenntnis der ἄδηλα, der Dinge, die außerhalb des Bereichs der Sinneswahrnehmung liegen. Hier müssen wir uns damit begnügen, wenn solche ἐπίνοιαι ⟨durch Denken, meist auf dem Wege des Analogieschlusses, gewonnene Begriffe⟩ durch die Sinneswahrnehmung wenigstens nicht widerlegt werden.

Die Wahrnehmung ist also das fundamentale Kriterium aller Erkenntnis der Wirklichkeit. Gibt es doch nach Epikur — wie nach der Anschauung der alten Atomistik, auf deren Boden er steht — in Wahrheit nichts objektiv Wirkliches außer den durch die Sinneswahrnehmung erfaßbaren Dingen. Denn Erkenntnis, auch jede Vernunfterkenntnis (Logos), wie jeder unserer Gedanken, beruht letzten Endes auf der Sinneswahrnehmung. Der Satz des Thomas von Aquino „Nihil est in intellectu quod non fuerit in sensu" entspricht genau der Ansicht Epikurs. Daher hängt an der Wahrheit oder Nichtwahrheit der Sinneserkenntnis alle Erkenntnis überhaupt. Denn, würden die Sinne etwas Falsches für wahr erklären, so würde jedes Urteil über wahr und falsch aufgehoben. Ja, wenn auch nur eine einzige Sinneswahrnehmung falsch wäre, könnte überhaupt nichts mit Sicherheit erkannt werden. Denn dann könnte man überhaupt keiner mehr trauen! ⟨Gerade hier zeigt sich Epikurs *radikaler Sensualismus*, der in seiner Erkenntnislehre die *selbständige* Tätigkeit der Vernunft völlig verkennt und daher auch „Messen und Wägen" als die unsere Sinneswahrnehmungen prüfenden Tätigkeiten des logischen Vermögens des menschlichen Geistes, die ein Platon schon in einem seiner frühsten Dialoge kennt und in ihrer Bedeutung würdigt, gänzlich ignoriert, wie er überhaupt allem Mathematischen verständnislos und daher ablehnend gegenübersteht.⟩ An den aus diesem Standpunkt sich ergebenden Konsequenzen — insbesondere an seiner Leugnung jeder Sinnestäuschung — hat Epikur mit solcher Starrheit festgehalten, daß er z. B. behauptet hat: die Sonne sei so groß wie sie uns erscheint, und ebenso, daß der Mond wirklich ab- und zunähme! — Ja, er behauptet sogar, daß auch die Vorstellungen der Träumenden und der Wahnsinnigen, die ja oft für das einzelne Subjekt wenigstens das Merkmal völliger Evidenz zu haben scheinen und es daher sogar oft zu entsprechenden Handlungen fortreißen, auf Wahrheit, d. h. bis zu einem gewissen Grade auf einem objektiven äußeren Sachverhalt, beruhen, also nicht rein subjektiv sind. Versetzen sie doch den Geist der betreffenden Individuen in Bewegung; ein nicht Wirkliches aber kann keine Bewegung verursachen. Es beruhen also Träume und Wahnvorstellungen auf wirklichen, von dem Subjekt unabhängigen Vorgängen, deren Realgrund freilich ein ganz anderer ist, als die betreffenden Individuen wähnen. Erregt werden solche Vorstellungen durch gewisse Arten von „Bildchen". Epikur nimmt nämlich, wie Robert Philippson gezeigt hat, noch eine zweite Klasse von Bildern an, die in der Regel nicht auf der Ausströmung wirklicher Objekte und nur in seltenen Fällen auf dem Zusammentreffen und der

Vereinigung zweier von verschiedenartigen wirklichen Gegenständen ausströmenden Bildern beruhen, sondern sich in der Luft „von selbst“ (sponte sua, Lucr.), d. h. rein zufällig, durch Zusammenballung (σύστασις) feinster Atome bilden, im Innern hohl sind und sich gleichfalls mit unglaublicher Schnelligkeit fortbewegen und nicht durch unsere Sinnesorgane, sondern durch die Poren unseres Körpers zum Sitz des Denkens dringen und so *unmittelbar durch den Geist* wahrgenommen werden, daher in ihm entsprechende Vorstellungen hervorrufen — so kommt es, daß wir z. B. „Bilder“ von Kentauren, von Skylla oder Kerberos, ja auch von Verstorbenen mit dem Geist wahrnehmen —; auch das Bewußtwerden dieser Klasse von Bildern betrachtet daher Epikur als eine Art dem Sehen durchaus analoger Wahrnehmung, die jedoch ohne Vermittlung körperlicher Organe nur durch den Geist erfolgt. Diesen Bildern fehlt nämlich die ‹räumliche› Tiefenvorstellung, die nur durch solche Bilder erweckt werden kann, die durch *ständige* Ausströmung von wirklich körperhaften Objekten entstehen.

Infolge wiederholter Wahrnehmung eines und desselben Dinges bilden wir uns unter Mitwirkung des Gedächtnisses, das die Wahrnehmungsinhalte „behält“, die „Vorbegriffe“ von den sinnlichen Objekten (προλήψεις): eigentlich: Vorwegnehmen, weil die überhaupt erste geistige Erfassung eines Dinges, die zugleich dem Menschen eine sprachliche Bezeichnung abringt, allen folgenden Wahrnehmungen bzw. Vorstellungen desselben Dinges oder von Exemplaren derselben Gattung vorausgegangen ist, die mit dem „Vorbegriff“, wenn wir das für ihn geprägte Wort hören, sofort von uns identifiziert werden. Diese „Vorbegriffe“, unter denen die Gattungsvorstellungen zu verstehen sind, sind ganz eigentlich die Grundlagen jedes weiteren Denkens und Erkennens und daher *eine zweite Klasse von Kriterien*. Denn sie sind gegenüber der ersten Gruppe dieser, den Sinneswahrnehmungen, insofern etwas ganz Neues, weil wesentlich anderes, als sie ein *geistiges* Erfassen der Einheit und Ganzheit eines Dinges bedeuten. Sie sind unmittelbar (d. h. intuitiv) einleuchtend, d. h. sie werden uns unmittelbar gleichzeitig mit dem Hören des sie bezeichnenden **Wortes** evident auf Grund der Erinnerung an viele identische, das Merkmal der Evidenz tragende Sinneseindrücke. Durch Zusammentreffen und Vergleichung solcher ersten geistigen Gebilde, der „Vorbegriffe“ bzw. Gattungsvorstellungen, durch ihre Kombination von seiten der Vernunft — denn diese, den Geist (διάνοια) und seine Tätigkeit (λογισμός) muß Epikur, obgleich doch nach demokritisch-epikureischer Lehre nur die Atome und das Leere objektiv wirklich sind, doch, gewissermaßen gegen seinen Willen, als einen selbständigen Faktor anerkennen, obgleich er aus der Natur der eigenschaftslosen Atome nicht ableitbar und dessen Wesen und Tätigkeit im Vergleich mit der Körperwelt und den sich in ihr abspielenden Vorgängen etwas völlig Andersartiges ist — und durch Schlußfolgerungen auf Grund dieser „Vorbegriffe“ entsteht die Meinung („Doxa“).

Wenn Epikur auch als Kriterien nur die drei: Wahrnehmung, „Vorbegriff“, Gefühl (hierüber unten S. 25 f.) bezeichnet hat, so hat er doch, wie sich aus Partien seiner erhaltenen Schriften mit Sicherheit ergibt, unzweifelhaft noch ein viertes angenommen, wenn es auch erst seine Jünger ausdrücklich als solches erklärt haben: die φανταστικὴ ἐπιβολὴ τῆς διανοίας <meist nur als ἐπιβολὴ τῆς διανοίας bezeichnet>: „**die vorstellungsfähige Erfassung von seiten des Geistes**“, ein Begriff, der freilich — infolge der Wortkargheit unserer Quellen d. h. schon des Epikur selbst, der das Wort ἐπιβολή als terminus technicus verwendet und den Begriff in den uns erhaltenen Quellen nirgends näher erläutert, da er in seinen Briefen an Jünger schreibt, die mit seinen Lehren eng vertraut sind — bis auf den heutigen Tag in seiner Bedeutung noch stark umstritten ist. Man hat bis vor kurzem allgemein geglaubt und glaubt es vielfach noch heute, daß die Gegenstände, die nach Epikur der Geist vermittels „der vorstellungsfähigen Erfassung“ begreift, nur die zweite Klasse jener Bilder seien, von denen eben gesprochen wurde. Aber nach der eindringenden Untersuchung des Epikurforschers Cyril Bailey darf man geradezu als sicher annehmen, daß die Objekte jener „vorstellungsfähigen Erfassung des Geistes“ nicht nur jene Gruppen von „Bil'dchen" sind, die der Geist unmittelbar d. h. intuitiv erfaßt, sondern daneben auch die „Begriffe" der Dinge, und daß Epikur die ἐπιβολὴ τῆς διανοίας insofern als Kriterium betrachtet hat, als wir durch sie die falsche Meinung von der „wahren" unterscheiden, d. h. durch die begriffliche Erkenntnis. Schon Epikur selber hat also — das scheint nach Baileys eindringender Untersuchung kaum noch leugbar — die ἐπιβολὴ τῆς διανοίας als ein Kriterium betrachtet und verwertet. Vermittels dieser — so vermutet Bailey als weiteren Gedanken Epikurs; doch bleibt dies Vermutung — steigen wir dann in methodischem Aufbau unserer Gedankengebilde schließlich zu den höchsten Begriffen wissenschaftlicher Wahrheit empor.

Daß Epikur neben den drei Kriterien der Wahrnehmung, der „Prolepsis" und den Gefühlen (πάθη) noch ein viertes angenommen haben muß und daß dieses nur die ἐπιβολὴ τῆς διανοίας im Sinne der begrifflichen Erkenntnis gewesen sein kann, ergibt sich auch aus folgender Erwägung. Der Kardinalbegriff seiner Physik, dessen Wahrheit für ihn absolut feststeht — denn seine Erkenntnis beruht ja auf der γνησίη γνώμη, mit Demokrit zu reden — ist, wie wir gleich sehen werden, das Atom. Dieser Begriff kann aber weder durch das Kriterium der Sinneswahrnehmung noch durch das des „Vorbegriffs" („Prolepsis") geschweige denn durch die πάθη (Gefühle) erkannt werden, denn er ist das Ergebnis einer rein begrifflichen Deduktion. Epikur muß daher die begriffliche Erkenntnis (ἐ. τ. δ.) als das vierte und wichtigste Kriterium betrachtet haben.

Von den Gefühlen (πάθη) als Kriterien unseres Handelns wird bei der Ethik zu sprechen sein.

## 2. Die Physik

Auch die Naturkunde hat für Epikur Wert nur als Wegbereiterin des glückseligen Lebens (der „Eudaimonia"), deshalb nämlich, weil sie die Furcht vor dem Tode und vor den Göttern, überhaupt die Ungewißheit als Quelle von Aberglauben, Unruhe und Angst beseitigt und Mäßigung gegenüber den Lüsten und Begierden verleiht. Der Physiker Epikur ist also rein eudämonistisch orientiert; er ist weder Naturforscher im Sinne einer exakten Fachwissenschaft noch überhaupt Naturphilosoph in dem Sinne, daß ihn ein Drang nach Erkenntnis erfüllt und treibt, die wirklichen Ursachen der Naturerscheinungen und Vorgänge zu ergründen; es genügt ihm, zu sehen und für seine Jünger klarzustellen, daß die betreffende Sache — z. B. ein Erdbeben oder eine Sonnenfinsternis — „mit rechten Dingen" zugeht, d. h. rein natürliche ⟨mechanisch-physikalische⟩ Ursachen hat. Wie im Einzelfall ein Naturvorgang wirklich zu erklären ist, das interessiert ihn im Grunde gar nicht. Er läßt daher — sehr bezeichnenderweise — bei seinen Naturerklärungen stets verschiedene Möglichkeiten offen.

Grundlegend für Epikurs gesamte Physik ist die Atomlehre der Abderiten[1]). Die Eigenschaften der Atome sind bei Epikur im ganzen dieselben wie bei Demokrit: Ausdehnung, d. h. absolute Raumerfüllung — denn die Atome sind das „Volle" (im Gegensatz zum leeren Raum) — und somit Größe und Gestalt sowie Schwere; die Unterschiede der Atome voneinander beruhen daher auf ihrer verschiedenen Gestalt, Größe und Schwere, doch ist die Zahl ihrer Formen begrenzt (wenn auch die Atome derselben Form unendlich viele sind), während ihre Größe stets zwischen der Grenze des Sichtbaren und des unendlich Kleinen liegt. Infolge ihrer Schwere sind die Atome in einer Fallbewegung nach unten begriffen. ⟨Diese letztere Anschauung steht als epikureisch vollkommen fest; dagegen wird sie betreffs des Demokrit und Leukippos von der neueren Forschung bestritten.⟩ Unter dieser Voraussetzung — daß nämlich die Schwere die Ursache des „Falls" der Atome ist — wird es ohne weiteres begreiflich, daß die Atome von Ewigkeit her in Bewegung sein müssen: da die Atome von Ewigkeit her existieren — sie sind ungeworden —, also auch von Ewigkeit her Schwere haben, müssen sie auch von Ewigkeit her in der Fallrichtung begriffen, d. h. in Bewegung sein.

[1]) Vgl. Bd. I S. 127 ff. Auf gewisse, im Grunde unerhebliche, Neuerungen des E. in der Atomlehre gegenüber Demokrit, wie z. B. seine Lehre von den Minima, kann hier nicht eingegangen werden.

Die Atome bewegen sich alle gleich schnell — nur durch diese letztere Annahme glaubt Epikur die Unteilbarkeit der Atome aufrechterhalten zu können — nach unten, d. h. nach der Mitte der betreffenden Welt zu. Wie aber sollen sie dann je aufeinandertreffen und sich miteinander verbinden und so die Entstehung einer Welt ermöglichen? Infolge seiner Annahme einer gleich schnellen Bewegung aller Atome, die ihm, auch unter dem Zwang der aristotelischen Argumente dafür, daß im Leeren alle Körper gleich schnell fallen müßten, unvermeidlich schien, sah sich Epikur den Ausweg versperrt, auf Grund seiner Lehre von der Schwere der Atome als Ursache ihrer Bewegung anzunehmen, daß sie infolge ihrer verschiedenen Schwere verschiedene Schnelligkeit der Bewegung hätten und daher aufeinandertreffen müßten. Wie sollten sie dann aber je aufeinandertreffen? Das scheint ihm unter den obwaltenden Umständen nur möglich infolge einer παρέγκλισις, einer Abweichung der Atome von ihrer senkrechten Fallrichtung, eine Annahme, zu der er sich — im Unterschied zu Demokrit — schon aus einem anderen, außer-physikalischen Grunde, gedrängt sah (vgl. unten S. 22), wenn er auch für diese παρέγκλισις keinerlei physikalische Ursache anzugeben wußte, so daß diese Annahme schon von seinen philosophischen Gegnern — Stoikern wie Akademikern — als rein willkürlich und das Kausalitätsgesetz ignorierend aufs schärfste bekämpft wurde. Diese Lehre von der „Abweichung der Atome" von der senkrechten Fallrichtung ist dem Epikur eigentümlich. Das Motiv aber zu dieser — aus physikalischen Gründen überhaupt nicht herleitbaren — Annahme war für ihn, wie wir zuverlässig wissen, ein Motiv metaphysischer bzw. ethischer Natur: der Wunsch, die Willensfreiheit gegenüber dem stoischen Determinismus zu retten. Epikur glaubt nämlich, wenn er die senkrechte Fallrichtung der Atome zugäbe — infolge des hiermit anerkannten ehernen Naturgesetzes, das keinerlei Ausnahme zuläßt —, dem absoluten Fatalismus erliegen zu müssen. Das scheint freilich betreffs der Seele auf den ersten Blick rätselhaft, da doch die Willensfreiheit nicht durch Gesetze der Schwere berührt zu werden scheint. Es wird aber deutlich werden, wenn wir die epikureische Seelenlehre kennengelernt haben (vgl. unten S. 21 f.).

Daß alles Entstehen und Vergehen der Dinge auf der Vereinigung und Trennung der Atome besteht, steht wie für die alten Atomisten auch für Epikur fest. Neu dagegen ist seine Meinung, daß die Bewegung der Atome auch noch in der Tiefe der festen Körper fortdauert, zu denen sie sich jeweils vereinigt haben. Wie es scheint, nimmt Epikur diese Fortdauer der Bewegung als eine notwendige Folge des Ab- und Zuströmens der Atome an einem sichtbaren Körper an.

Auch in seiner Lehre vom Werden und Vergehen der Welten und der Lebewesen lehnt sich Epikur eng an seine großen atomistischen Vorgänger an; auch die Theorien des Empedokles und Anaxagoras wirken hierbei auf ihn ein. Daß das „All" unendlich ist, steht für ihn als eine denknotwendige Annahme fest. Natürlich ist es unentstanden und unvergänglich und erfährt in der Summe seiner Substanz weder Zu- noch Abnahme. Denn auch für Epikur gilt wie für die alten Physiker das Axiom, daß nichts aus nichts entstehen oder in nichts vergehen kann. Er lehrt daher ebenso wie sie die quantitative Konstanz des Stoffes und ebenso die Konstanz des Weltprozesses. Denn wie die Urbestandteile der Stoffe bleiben die Naturgesetze und damit alles Naturgeschehen in alle Ewigkeit gleich. Bei seiner Kosmogonie, die von der der alten Atomisten nur wenig abweicht, ist seine scharfe Ablehnung der Annahme eines persönlichen Urhebers bedeutsam. Im unendlichen All bilden sich im Laufe der unendlichen Zeit aus den unzähligen Atomen unzählige Welten, die, wie einst entstanden, einst wieder zugrunde gehen werden. Und während die einen entstehen, vergehen die anderen; ein Vorgang, der in alle Ewigkeit währt, da die allem Werden und Vergehen zugrunde liegende Bewegung ewig ist. Die entscheidenden Faktoren bei der Kosmogonie sind die Schwere und der Stoß der Atome gegeneinander, die dann je nach Form, Größe und Schwere voneinander abprallen oder sich miteinander verflechten, wobei sich das Gleiche zum Gleichen gesellt. Charakteristisch in seiner Kosmogonie ist auch seine scharfe Bekämpfung des Glaubens an die Beseeltheit oder gar göttliche Natur der Gestirne; denn gerade dieser Glaube — Epikur meint offenbar die babylonische Astrologie — ist eine Quelle schwerster seelischer Unruhen und Ängste. Die Gestirne sind nichts als zusammengeballtes Feuer; auch der Ursprung ihrer Bahnen ist rein mechanisch-physikalischer Art. Auch die Entstehung der Lebewesen denkt sich Epikur ähnlich wie Demokrit und ältere Naturforscher: sie entstanden aus dem erwärmten Erdschlamm. ⟨In Epikurs Zoogonie wirken im einzelnen insbesondere empedokleische Anschauungen nach.⟩ Der Mensch aber hat sich aus ursprünglicher tierischer Roheit im Lauf einer langen Geschichte immer höher entwickelt; auch seine Sprache entsprang „von Natur". Waren doch seine ersten Sprechlaute ähnlicher Art wie das unwillkürliche Husten, Niesen, Brüllen und Stöhnen von Tier und Mensch. In seiner Lehre von den einzelnen Entwicklungsstadien der menschlichen Kultur lehnt sich Epikur wieder stark an Demokrit an, wobei insbesondere die Idee der Nachahmung der beseelten und unbeseelten Natur durch den Menschen eine große Rolle spielt.

Auch Epikurs Meinung von der *Seele* beruht wesentlich auf den Anschauungen des Leukipp und Demokrit. Mit besonderem Nachdruck betont und „beweist" er die *körperliche* Natur der Seele; wenn sie körperlos wäre, könnte sie weder etwas wirken noch leiden ⟨hier begegnet sich der epikureische Materialismus mit der Stoa⟩; es wäre daher im Fall ihrer Unkörperlichkeit die Wechselwirkung von Seele und Leib unerklärlich. Unkörperlich ist nur der leere Raum. Die Seele, die erst mit dem Körper — bei der Zeugung durch die Vereinigung von Atomen des väterlichen und des mütterlichen Samens — entstanden ist, kann daher nur zusammen mit dem Leibe existieren, wie sie auch zusammen mit ihm wieder zugrunde gehen muß, indem sich zugleich mit der ganzen Ansammlung der Atome des Leibes auch die der Seele wie Rauch in die Luft zerstreuen. Wer das erkannt hat, der weiß, daß alle Hadesmythen, somit auch die Wiedervergeltung dereinst, nur Erfindungen der Dichter sind, daß daher keinerlei Grund zur Todesfurcht für uns vorliegt. Denn auch die Seele besteht aus Atomen, und zwar aus den glattesten und rundesten, die aber von denen des Feuers grundverschieden sind. Epikur faßt nämlich die Masse des Seelenstoffes als eine Zusammensetzung von vier verschiedenen Substanzen auf, einer feurigen, luftartigen und hauchartigen und dazu einer vierten ungenannten. Jede dieser vier Substanzen hat eine andere Funktion; nur die ungenannte hat die Fähigkeit, wahrzunehmen und zu denken. Während die drei anderen Seelenstoffe über den ganzen übrigen Körper verstreut sind, sind die Atome des vierten (ungenannten) im Thorax konzentriert — wie man schon aus den physischen Begleiterscheinungen von Angst und Freude ersieht —, der daher der Sitz des Denkens ist. Aus der verschiedenen Mischung dieser vier Seelensubstanzen erklären sich auch die vier menschlichen Temperamente. Epikur unterscheidet einen vernünftigen und einen vernunftlosen Teil der Seele, betont dabei aber nachdrücklich die Einheit der ganzen Seele, wenn sich auch beide Teile in sehr verschiedener Verfassung befinden können. Die Seele ist auch die Hauptursache der sinnlichen Wahrnehmung; daher hat der Körper, wenn die von ihm scheidende Seele sich in ihre Atome auflöst, keinerlei Wahrnehmung mehr. Aber sie löst sich eben erst auf, wenn der Leib in seine Urteile zerfällt. Hier zeigt sich ein charakteristischer Unterschied zur Psychologie der Stoa: bei den Stoikern hält die Seele den Leib, bei Epikur dagegen der Leib die Seele zusammen, wie Zeller treffend bemerkt.

Erst wenn man Epikurs kraß materialistische Auffassung von der Seele bedenkt, die aus einer Zusammensetzung vier verschiedener Atomkomplexe besteht, versteht man den Zusammenhang seiner Lehre von der Abweichung der Atome mit der Willensfreiheit, d. h. als diese rettend.

Ein eigentümliches Stück der Physik Epikurs ist seine Lehre von den Göttern, die schon in ihrem negativen Teile charakteristische Züge zeigt. Epikur übt, z. T. auf ältere Argumente gestützt, schärfste Kritik an dem Anthropomorphismus der griechischen Volksreligion wie überhaupt an der Religion des Mythos. Aber ebenso scharf wendet er sich gegen den Vorsehungsglauben überhaupt, vor allem gegen den der Stoa, so daß er geradezu eine „Anti-Theodizee" entwickelt, bei der er auch rein anti-teleologische Argumente verwendet. In seiner Auffassung von der Entstehung des Götterglaubens steht er wieder ganz auf dem Boden des Demokrit: schon die Bilder („Eidola") der Götter, die die Menschen, wie im Traume, so auch im Wachen, unmittelbar durch ihren Geist aufnehmen, mußten ihnen das Dasein göttlicher Wesen zum Bewußtsein bringen. Auch die Regelmäßigkeit der Himmelserscheinungen und ebenso die meteorologischen Vorgänge (wie Blitz und Donner) ließen sie auf das Walten übermenschlicher Mächte schließen. Als einen „Beweis" für das Dasein von Göttern hat auch Epikur augenscheinlich den consensus gentium aufgefaßt (fr. 352). Hiermit hängt es zusammen, wenn er im dritten Brief sagt: „denn das Dasein von Göttern ist Tatsache; ist doch ihre Erkenntnis evident." Da sich das Gottesbewußtsein bei allen Völkern findet, muß ihm, so meint er, die unmittelbare Erkenntnis von wirklich vorhandenen Wesen zugrunde liegen, die sich allen Menschen in gleicher Weise aufdrängt; solche unmittelbare Erkenntnis aber kann nur erfolgt sein durch Eindringen der „Bilder" der Götter in das menschliche Bewußtsein. Denn die Erkenntnis der Götter durch die Menschen beruht auf dem ständigen Zuströmen von gleichen „Bildern", die sich, aus unzähligen feinsten Atomen bestehend, von den Göttern selber ständig ablösen und (durch die Poren) in den Körper der Menschen (zum Sitz des Denkens) eindringen. Schon hieraus ergibt sich, daß die Götter eine körperliche Substanz haben müssen, wie ja alles Wirkliche körperlicher Natur ist. Epikur vermag sich auch die Götter nur in menschlicher Gestalt zu denken, die freilich aus einer unendlich feineren Substanz als die der sterblichen Menschen bestehen. Wenn er aber als ihren Aufenthaltsort die Metakosmien ⟨die Zwischenräume zwischen den verschiedenen Welten⟩ annimmt, so leitet ihn dabei offenbar der Gedanke, daß nur unter dieser Voraussetzung die Götter nicht in den Untergang irgendeiner Welt hineingezogen werden können. Besonders charakteristisch sind Epikurs Lehren von dem geistig-seelischen Wesen der Götter. Ihre beiden Grundeigenschaften sind Unsterblichkeit und Glückseligkeit. Schon hieraus ergibt sich, daß sie Leidenszuständen — physischer wie psychischer Art — entrückt sind.

Solche Wesen werden weder von Sorge und Angst noch von Liebe und Haß oder Zorn bewegt. Sie haben keinerlei Ärger und Unruhe und machen auch anderen keine. Das eben ist der Inhalt ihrer Eudaimonia: sie kümmern sich um nichts, tun nichts als sich selbst und ihre glückliche Lage betrachten. Vollkommene Sorglosigkeit und Unbekümmertheit im Verein mit der Freiheit von allen Pflichten ist die Grundlage des Götterglücks nach Epikur.

Daher erfreuen sie sich vollendeter Gemütsruhe und größter Heiterkeit. Aus alledem ergibt sich, daß sie sich um den Lauf der Welt, nun gar um das Leben der Menschen hier auf Erden, überhaupt nicht kümmern, so daß auch von dieser Seite her der Götterfurcht des Menschen jeder Boden entzogen ist. In Wahrheit sind die Götter des Epikur das kosmische Gegenbild des epikureischen Weisen <vgl. unten S. 31>, Epikurs eigenes Ideal ins Außerweltliche projiziert. Die Frage, warum Epikur den Glauben an Götter beibehält, der doch durch das atomistische System in keiner Weise gefordert, vielmehr ausgeschlossen ist — wie schon Karneades, der große Kritiker der epikureischen Götterlehre, bemerkt hat — kann hier nur kurz berührt werden. Unzweifelhaft wirkt auf ihn auch hier der Einfluß des Demokrit, der ebenfalls — im Widerspruch zu der Atomtheorie — die Existenz von Göttern, übrigens ähnlicher Art wie die Epikurs, angenommen hatte. Auch der consensus gentium hat hier zweifellos auf Epikur eingewirkt, und nicht zuletzt das innere Bedürfnis, sein Ideal in wirklich existierenden unsterblichen Wesen verkörpert zu sehen. Und wohl noch ein anderes, nicht zu unterschätzendes Moment: die nicht erloschene Erinnerung an die Lichtgestalten der hellenischen Götter in dem Glauben seiner Kindheit.

Um so schärfer ist demgegenüber seine Ablehnung der Volksreligion als einer Quelle ewiger Unruhe und Angst für die Menschen. Es ist aber längst erkannt worden, daß hier Epikur in seiner Auffassung vom Wesen der griechischen Religion bzw. Religiosität seiner Zeit durchaus unrecht hat; wie Heinrich Gomperz treffend bemerkt, die Religion beruhigt und tröstet weit mehr und weit öfter als sie schreckt und beunruhigt.

Und, fügen wir hinzu, die Auffassung, daß die Furcht die eigentliche Wurzel des religiösen Gefühls sei, ist nur die der griechischen Aufklärung, deren historische Linie von den Sophisten über Demokrit und Aristipp zu Epikur geht, der ja selber ganz und gar „Aufklärer" ist. „Aufklärer" aber sind noch niemals fähig gewesen, das eigentliche Wesen der Religion zu erfassen. Im übrigen ignoriert hier Epikur vollständig den gewaltigen geschichtlichen Prozeß der Vergeistigung und Versittlichung des griechischen Gottesbegriffs, der mit Xenophanes beginnt und seinen Höhepunkt in Aischylos, Platon und — später — Poseidonios erreicht. Epikurs Kampf gegen die „Religion" trifft in Wahrheit nur die Religion der „Primitiven".

### 3. Die Ethik

Aus der Tatsache, daß wir nur einmal leben und mit dem Tode alles aus ist — denn dies steht für Epikur fest (siehe oben S. 21) — zieht er für seine Grundeinstellung zum Leben radikal die Konsequenzen (vgl. Fr. 204). Es gilt daher, dies kurze Dasein nach Möglichkeit mit Glück zu erfüllen. Denn gerade für Epikur ist der Endzweck aller Philosophie die Eudaimonia. Worin aber besteht diese? Was ist das Telos des Menschen, dessen Erreichung ihm die Glückseligkeit verbürgt? Das Telos ist die Lust (ἡδονή). Dies Gefühl (πάθος), das der Maßstab für all unser Tun und Lassen ist, ist schon von Natur in alle Lebewesen gepflanzt. Das sehen wir schon am Verhalten kleiner Kinder, denen noch jede Reflexion fernliegt, ja der Tiere, die geradezu „Spiegelbilder der Natur" sind: sie trachten instinktiv nach der Lust, während sie den Schmerz scheuen. Es bedarf daher keines Beweises, daß die Lust das „Ziel" ist; das fühlt man, wie man fühlt, daß das Feuer heiß, wie man schmeckt, daß der Honig süß ist. Lust und Unlust sind daher Urmotive aller Handlungen der Lebewesen, die durch die Natur selber in sie gelegt sind. Was aber ist das Wesen der Lust? Hier fällt dem Kenner der Quellen zunächst auf, daß eine Definition des Begriffes Lust bei Epikur ebenso fehlt wie eine dialektische Untersuchung über den Begriff, eine Tatsache, die bei dem Verächter der Dialektik schwerlich ein Zufall ist. Sicher aber ist, daß unter Lust von Epikur in vielen Fällen seiner Äußerungen durchaus die Sinnenlust verstanden wird. „Ich wenigstens weiß nicht, was ich unter dem Guten verstehen soll, wenn ich absehe von den Lüsten durch den Gaumen, durch die Werke der Aphrodite, durch das Ohr und von den süßen Gefühlen beim Anblick einer schönen Gestalt" heißt es in Fr. 67, eine Äußerung, die keineswegs vereinzelt ist, sondern durch andere noch verdeutlicht und verstärkt wird (Fragment 410 ff.!), Äußerungen, die zugleich zeigen, daß für Epikur die Sinnenlust an sich nicht nur nicht verwerflich, sondern schlechthin naturgewollt ist. Auch die seelische Lust wird von ihm aus der sinnlichen (bzw. dem Körper) hergeleitet. Denn auch die Seele empfindet Lust nur auf Grund körperlicher Lüste, sei es unmittelbar in der Gegenwart oder auf Grund der Erinnerung oder Erwartung (Fragm. 429 ff., 451), eine Ansicht, der die Kyrenaiker keineswegs beipflichteten. So kann es zunächst scheinen, als ob Epikur unter Lust nur die sinnliche Lust verstände. Aber dem stehen andere in ihrem Zusammenhang erhaltene Äußerungen des Epikur nachdrücklich entgegen, die deutlich eine verschiedene Wertung der Lüste erkennen lassen. Denn wenn auch jede Lust an sich ein Gut ist, so ist doch nicht jede von uns zu wählen. Denn oft versagen wir uns manche Lust, dann nämlich, wenn größere Unlust aus ihr entspringen würde, wie wir umgekehrt manche Schmerzen freiwillig auf uns nehmen, wenn eine größere Lust für uns daraus folgt. Wir müssen daher — das lehrt uns die Erfahrung — vor unserem Tun und Lassen Lust und Unlust, die daraus entspringen werden, sorgfältig gegeneinander abwägen, eine „Lust-Unlust-Bilanz" (συμμετρησις) vornehmen. Epikur vertritt also gerade das Prinzip jener „Meßkunst", die ein Platon (im Phaidon, c. 13) so scharf und verächtlich verwirft. Immerhin bedeutet dies von Epikur vertretene Prinzip bereits eine starke Einschränkung des Begriffes der Lust als Telos. Das zeigt sehr deutlich eine bekannte Stelle aus dem 3. Brief: „Sind doch nicht ständige Gelage und Schwelgereien oder der Genuß von Knaben und Weibern oder von Fischen und anderen Leckerbissen einer üppigen Tafel die Quelle des lustvollen Lebens, sondern vielmehr eine nüchterne Berechnung (λογισμός), die die Beweggründe alles Wollens und Meidens ausspürt, ⟨ist diese Quelle⟩". Der vernünftigen Einsicht (φρόνησις), die jene Meßkunst übt, kommt daher die entscheidende Bedeutung für unser Glück zu. Sie ist es auch, die unter unseren Begierden drei Arten unterscheidet: natürliche und notwendige, wie die nach Kleidung und Nahrung; natürliche, aber nicht notwendige, wie die erotischen, und solche, die weder natürlich noch notwendig sind. Die erste Gruppe ist leicht zu befriedigen; ist doch die Natur mit wenigem zufrieden. Die zweite Gruppe ist nicht schwer zu stillen, aber auch leicht zu entbehren, während die dritte Gruppe zu unterdrücken ist. Bei allen Bedürfnissen des Lebens aber, auch bei den erlaubten, muß man Grenze und Maß innehalten. Das gilt von Speise und Trank wie von allen anderen. Auch Epikur vertritt das Ideal bescheidenster Genügsamkeit, ja möglichster Autarkie, wie denn auch sein Leben und das seiner Jünger diesen Grundsatz verwirklicht hat.

Der Begriff der zu erstrebenden Lust hat somit tiefgreifende Einschränkungen erfahren. Kann aber auf dies stark gesiebte und reduzierte Quantum von Lust die Eudaimonia eines ganzen Lebens gegründet werden? Auch die sittlichen, d. h. von seiten der Vernunft (der φρόνησις) erlaubten Lüste sind doch nur flüchtig und von kurzer Dauer. Die reine, die höchste Lust, die sich ständig gleich bleibt und daher ein absolutes Gut ist, muß anderer Art sein. Sie kann, da der Mensch aus Leib und Seele besteht, nur doppelter Natur sein; daher besteht sie in der Schmerzlosigkeit des Körpers und dem Zustand völliger Gemütsruhe (ἡσυχία), der schon von Epikur gern mit dem der γαλήνη verglichen wird, jener völligen Stille des Meeres, wenn sein Spiegel von keinem Windhauch bewegt wird. Dieser Zustand ist keiner Steigerung fähig; er ist die höchste Lust, die überhaupt denkbar ist. Quellen dieser „Ataraxie"[1]) sind die Freiheit von allen πάθη ⟨von jeder Art von Affekten und Begierden oder doch, was die letzteren betrifft, die Beherrschung der natürlichen und notwendigen, sowie der natürlichen, aber nicht notwendigen und die Freiheit

[1]) D. h. absoluter Unerschütterlichkeit gegenüber allen Ereignissen.

von den weder natürlichen noch notwendigen Begierden⟩ und von jeder Art Furcht ⟨vor den Göttern, vor dem Tode, vor dem Schmerz wie vor den Mitmenschen, deren Treiben der Weise aus dem Wege geht⟩ und andererseits die Freiheit von allen „Meinungen" („Doxai"), von Vorurteilen jeder Art, die ja die Ursache aller πάθη sind. Diese Freiheit von allen „Meinungen" und Leidenszuständen der Seele kann nur durch Vernunft ⟨ratio⟩ erworben werden: die Seele aber hat die Fähigkeit, der Vernunft zu gehorchen. Wir sehen: der Zustand, den Epikur unter höchster Lust versteht, ist rein negativer Natur, so daß es begreiflich ist, wenn die jüngeren Kyrenaiker diesen Zustand gar nicht als Lust anerkannten, da er ja dem eines Schlafenden, ja eines Toten gleiche. So ergeben sich für Epikur zwei Arten von Lüsten: die „in der Bewegung", d. h. die positiven Lustgefühle und die „katastematischen", die, rein negativer Natur, den Zustand völliger Schmerz- und Sorglosigkeit bezeichnen. Aber nur die „katastematische" Lust ist ein unbedingtes Gut. Es ist für die Ethik des Epikur in hohem Grade bedeutsam und für ihn menschlich höchst charakteristisch, daß er, der — so schien es uns zuerst — die Lust des „Fleisches" ⟨σάρξ, ein von Epikur in diesem Zusammenhang oft gebrauchter Ausdruck⟩ als die einzig wahre zu betrachten scheint, als das Telos einen Zustand rein negativer Natur betrachtet.

Diese seelische Lust aber, d. h. diejenige, die wir als rein seelische Lust bezeichnen würden, wie z. B. die Freude am Glück des Vaterlandes, wird nirgends von Epikur scharf und grundsätzlich von der leiblichen bzw. leiblich-seelischen Lust unterschieden. Diese seelische Lust, die er gleichwohl sehr gut kennt, wie z. B. die denkwürdigen Worte seines letzten Briefes (Fragm. 138) zeigen, wird von ihm, im Gegensatz zu den Kyrenaikern, die körperliche Lüste und Schmerzen für weit stärker als die seelischen hielten, weit höher gewertet als die des Leibes, da diese nur in der Gegenwart wirkt, während sich die seelische durch Erinnerung und Hoffung auch auf unser vergangenes und zukünftiges Leben erstreckt. Solche seelische Lust vermag, wenn anders man ein wirklicher Philosoph ist, auch die

Schmerzen des Körpers zu übertäuben, wie es Epikur am letzten Tage seines Lebens durch sein eigenes Verhalten in so heroischer Weise bewahrheitet hat.

Wenn die reine Lust das höchste Gut ist, muß der Schmerz das höchste Übel sein. Epikur denkt hierbei zunächst an den körperlichen Schmerz, denn wenn er auch den seelischen Schmerz <entsprechend seiner Auffassung von der seelischen Lust> für stärker als den physischen hält, so meint er doch, daß kein Grund zu seelischer Betrübnis vorliege, wenn wir weder von gegenwärtigen noch <Furcht vor> künftigen körperlichen Schmerzen gequält werden. Also auch hier ein ausgesprochen sensualistischer und materialistischer Standpunkt. Was aber den körperlichen Schmerz, dies einzige wirkliche Übel, betrifft, so vermag der Philosoph auch dies zu überwinden in der Erwägung, daß gar zu arger Schmerz nur kurz ist <weil er zum Tode führt>, während lange dauernder Schmerz minder heftig, daher erträglich ist. Der Weise vermag auch den physischen Schmerz durch die Erinnerung an genossene Freuden abzuschwächen; ist dieser aber gänzlich unerträglich, dann hat er stets die Möglichkeit, durch Selbstmord aller Qual ein Ende zu machen. So beruht die Eudaimonia auf völliger Freiheit von Schmerz und Furcht, während die Unseligkeit (κακοδαιμονία) der Masse auf tausend grundlosen Ängsten und ungezügelten, daher unsittlichen, eitlen Begierden beruht, da sie stets im Bann nichtiger Wahnvorstellungen (Doxai) dahinleben. So scheint die Eudaimonia des Philosophen — denn wenn auch jedermann dem Grundtriebe der menschlichen Natur zufolge danach trachtet, kann doch nur bei ihm von einer solchen die Rede sein; denn die Eudaimonia ist das Ergebnis allein der Philosophie — durchaus negativer Natur. Inwiefern sie trotzdem <infolge von Beziehungen von Mensch zu Mensch> einen gewissen positiven Inhalt hat, wird sich später bei der Lehre vom Weisen zeigen.

Die Eudaimonia aber kann nur erreicht werden durch die „Tugend“ (ἀρετή), eine Grundanschauung, die allgemein hellenisch ist. Nach Epikur aber reicht — das ist charakteristisch für seine Ethik — die Tugend selber nicht aus zur Glückseligkeit; denn diese wird erst durch die Lust verursacht, die aus der Tugend entspringt, nicht durch die Tugend selbst. Eine nähere Bestimmung des Tugendbegriffs suchen wir jedoch bei Epikur vergeblich. Um so deutlicher hat er sich über das Verhältnis des tugendhaften zum lustvollen Leben ausgesprochen: man kann nicht ⟨dauernd⟩ in Lust leben, ohne zugleich einsichtig, gerecht, maßvoll usw. zu leben; es gibt auch kein Leben der Tugend, das nicht von Lust erfüllt wäre. Beide sind voneinander untrennbar. So hat der Gerechte die vollendete Gemütsruhe, während der Ungerechte von lauter Unruhe erfüllt ist. Wirkliche Tugend, die keine Lust verursacht, gibt es nicht. Die Tugend aber erstreben wir um der Lust willen, die sie uns bringt; sie ist nach Epikur in Wahrheit nur Mittel zum Zweck ⟨wird nur um ihrer Früchte willen erstrebt⟩, während die Lust Selbstzweck ist. Wenn daher dem Epikur schon seine antiken Gegner vorwarfen, daß er die Tugenden zu Dienerinnen der Lust erniedrige, hatten sie durchaus recht. Das zeigt auch seine Lehre von den vier Grundtugenden, eine Einteilung, die er aus älterer Philosophie (vgl. Band II, S. 101 f.) übernimmt, aber die vier Tugenden haben bei Epikur einen wesentlich veränderten Inhalt und — im Ganzen seiner Ethik, wie schon das eben Gesagte erkennen läßt — eine andere Bedeutung. Die φρόνησις ist die Einsicht, die uns die ⟨wahren⟩ Lüste verschafft, die Schmerzen vertreibt. Sie ist die höchste Tugend, denn auf ihr beruhen alle anderen. So die Tapferkeit, die auf kluger Berechnung (λογισμός) des für uns wirklich Vorteilhaften beruht. Daher ertragen wir durch sie Beschwerden, um größeren Beschwerden zu entgehen. Und wenn der Tapfere den Tod verachtet, den Schmerz erträgt, so geschieht auch dies auf Grund der vernünftigen Einsicht. Auch die Selbstbeherrschung ⟨Sophrosyne⟩ dient nur dazu, uns Unlust zu ersparen und größere Lust zu verschaffen. Denn sie vertreibt die überflüssigen (weder natürlichen noch notwendigen) Begierden, während sie den notwendigen Maß und Ziel setzt. Auch die Gerechtigkeit hat ihren Ursprung in dem Nutzen, der uns aus ihr erwächst, wie denn auch das Recht unter den Menschen der Urzeit auf der Vereinbarung beruhte, sich gegenseitig nicht schaden zu wollen[1]). Erstrebt wird also auch die Gerechtigkeit um ihrer Früchte willen, denn gerade der Gerechte besitzt, wie wir sahen, die vollendete Gemütsruhe (αταραξια).

Wenn schon die Tugendlehre Epikurs überall den utilitaristischen Grundzug erkennen läßt, so ist dies noch mehr der Fall bei seiner „Axiologie“, soweit von einer solchen bei ihm die Rede sein kann, da er in Wahrheit nur die Lust als ein Gut, den Schmerz als ein Übel betrachtet. Aus dieser Grundanschauung zieht er radikal die Konsequenzen. Daher wird ein mittelmäßiger Schmerz für ein größeres Übel als die großte Schande erklärt: „In der Schande ist nichts Schlimmes, wenn keine Schmerzen folgen“. — Es wird die Schale des Hohns über einen griechischen Nationalhelden wie Epaminondas und seine Taten ausgegossen: der Mann hätte lieber in Ruhe zu Hause bleiben sollen! Ja, es werden alle diejenigen, die den Standpunkt vertreten, man müsse der Würde dienen, sich um den Staat kümmern, sein ganzes Leben nach der Pflicht und nicht nach dem Vorurteil handeln, für das Vaterland Gefahren bestehen, bluten und sterben — alle solche Leute werden von Epikur für Phantasten und Verrückte erklärt. Daß bei solchem Standpunkt auch das Geld ⟨als Mittel zum Zweck⟩ geschätzt und sein Erwerb selbst unter Gefahr empfohlen wird, da es uns viele und große Lüste verschaffen kann, nimmt nicht weiter wunder.

Am lehrreichsten für das Verständnis der Ethik Epikurs ist sein Idealbild des Weisen, das beinah in jeder Hinsicht das Gegenstück zum stoischen Weisen bildet. Der Weise wird sich auch den Anforderungen des praktischen Lebens nicht entziehen, doch immer nur, soweit es sein persönliches Interesse erfordert. Dem „Nomos“ ⟨der herkömmlichen Sitte⟩ seiner Mitbürger wird er, so sehr er sich innerlich über ihn erhaben fühlt, aus Opportunitätsgründen häufig Zugeständnisse machen.

Wie er über die sozialen Werturteile ⟨die bürgerlichen Begriffe „Ehre“ und „Schande“ denkt, haben wir schon⟩ gesehen.

[1]) Im übrigen zur Rechtsphilosophie des Epikur unten S. 32.

Die τύχη (Fortuna) hat über den epikureischen Weisen ebensowenig Macht wie über den der Stoa. Denn auch er ist αὐταρκης und trägt alle Güter in sich selbst.

Um so stärker unterscheidet sich der Weise Epikurs in *seinen sozialen Beziehungen*. Das kann schon der Satz Epikurs zeigen, daß es keine menschliche Gemeinschaft gäbe, vielmehr jeder nur für sich sorge. Aus dieser Grundeinstellung heraus zieht er radikal die Konsequenzen. Der Weise wird (von besonderen Ausnahmen abgesehen) weder Ehe noch Familie gründen, um keinerlei Pflichten oder gar Widerwärtigkeiten zu haben. Auch die Beteiligung an öffentlichen Angelegenheiten, insbesondere am Staatsleben, lehnt er durchaus ab, weil dadurch seine Ataraxie in Frage gestellt würde. Sein Lebensprinzip ist das „λάθε βιώσας" ⟨„Lebe im Verborgenen"⟩. Ein „Vaterland" kennt er nicht; sein Grundsatz ist ausgesprochenermaßen: „Ubi bene, ibi patria". Auch er ist Kosmopolit, aber im Sinne der Isolierung des Individuums von der Gemeinschaft. Auch durch das Recht fühlt er sich innerlich nicht verbunden. Gibt es doch kein Recht von Natur, sondern nur auf Grund gegenseitiger Vereinbarung in der Urzeit. Denn auch die Gerechtigkeit beruht nur auf dem gegenseitigen Nutzen. Daher ist auch der Begriff des Rechts im Lauf der Zeit Wandlungen unterworfen. Daher ist auch das Ungerechtsein ⟨was allgemein als solches gilt⟩ an sich kein Übel. Nur *eine* Beziehung sozialer Art gibt es für den Weisen: die *Freundschaft*, die zu seinem Glück durchaus erforderlich ist, zumal auch sie von der Lust untrennbar ist. Sie wird daher als wichtigster ⟨positiver⟩ Faktor zum glücklichen Leben gepriesen, wie denn auch zwischen Epikur und seinen Jüngern und Jüngerinnen sowie diesen untereinander eine einzigartige Freundschaft bestanden hat. In einer Denkerpersönlichkeit und der „Gemeinde" seiner Anhänger, in der die Ehe und die Familie überhaupt keine Bedeutung haben, wird ja gerade die Freundschaft aufs höchste gewertet und verwirklicht werden, zumal wenn alle mit ihrem vergötterten Meister dasselbe Ideal im Herzen tragen, so daß von ihnen allen das schöne Wort Ciceros gilt: „idem velle atque idem nolle, ea demum vera amicitia est". Freilich auch die Freundschaft beruht auf dem gegenseitigen Nutzen (denn ohne die Freundschaft kann man nicht sicher und furchtlos leben), eine Auffassung, die aufs engste mit Epikurs Ansicht von der menschlichen Natur überhaupt zusammenhängt, die nach seiner Meinung nicht zu leben vermag, ohne dabei auf ihren Vorteil bedacht zu sein (Fragm. 527): „Jeder liebt den anderen nur um seiner eigenen Person willen“ ⟨d. h. aus selbstischen Gründen⟩. (So lautet freilich Epikurs Lehre in der „Theorie“, in der Wirklichkeit lebendigster innerster Lebensgemeinschaft wird sicherlich dieser öde Utilitätsstandpunkt völlig vergessen sein und echter, d. h. idealer Freundschaft untereinander Platz gemacht haben. Und Epikur selber ist es offenbar nicht anders ergangen.) Ja, nicht einmal die Liebe zwischen Eltern und Kindern ist von Natur! (Fragm. 528). Im übrigen geht der Weise (abgesehen von seinen Freunden) der Masse der Menschen möglichst aus dem Wege.

Eine eigentümliche Inkonsequenz in Epikurs Lehre ist das Verhältnis des Weisen zu den Göttern, die sich um nichts auf der Welt kümmern. Gleichwohl opfert er und betet zu ihnen und nimmt an ihren Festen teil, einmal in Anpassung an den „Nomos“, jedoch nicht etwa, als ob die Götter zürnten, wenn er das nicht täte, sondern aus Bewunderung und Ehrfurcht vor ihrem erhabenen Wesen. Dagegen wird die Mantik von Epikur im Einklang mit seiner Grundlehre von den Göttern völlig verworfen.

Der Gemütszustand des Weisen ist dauernde Glückseligkeit: seine Seelenverfassung gleicht dem regungslos daliegenden Spiegel des Meeres; dabei genießt er die sich bietenden Lüste und schwelgt in Erinnerung an genossene Freuden; selbst Zeus könnte ihn an Seligkeit nicht übertreffen, denn es kommt nicht auf ihre Dauer, sondern auf ihren Grad an. Selbst wenn er taub und blind werden sollte, bleibt der Weise glücklich, denn Leben heißt Denken, und seine Gedanken hängen allein von ihm ab.

Die Schwäche dieses Weisenideals aber zeigt sich, wenn wir nach den Grundmotiven fragen, die den Weisen bei seinem Tun und Lassen leiten: er tut alles, aber auch alles, aus selbstischen Beweggründen. Und wenn er das Unrecht meidet (was die Menschen unter Unrecht verstehen), tut er das nur aus Furcht vor den Folgen, seien diese subjektiver ⟨innere Unruhe und Angst vor Strafe seitens der Mitmenschen⟩ oder objektiver Natur. Wenn er sicher wüßte, daß es nicht herauskäme, würde er ohne Bedenken auch sogenanntes Unrecht tun. Wir sehen, dieser Weise ist ein geistiger Nachfahre der alten Sophistik, die von Platon so scharf bekämpft wird.

Die Ethik Epikurs ist extrem individualistisch, durchaus auf dem Prinzip des Egoismus aufgebaut und ausgesprochen utilitaristisch, so daß sie in manchen Zügen nicht nur kleinbürgerlich, sondern geradezu philiströs anmutet. Die entscheidenden Faktoren für Tun und Lassen des Menschen sind nach ihr der persönliche Vorteil und die persönliche Lust. Sie kennt weder das Prinzip des Guten an sich, das man um seiner selbst willen tut, noch das der Pflicht. Und sie ist durchaus antisozial; die Begriffe Staat und Vaterland werden von ihr ebenso negiert wie Familie und Ehe. Dabei ist sie im Grunde durchaus quietistisch; nicht das Handeln, sondern das Genießen ist ihr Lebensinhalt. Das „Glück im Winkel" ist ihr Ideal, das des sich von der bürgerlichen wie der menschlichen Gemeinschaft grundsätzlich isolierenden Einzelnen, der mit anderen ebensolchen Einzelnen eine Freundesgemeinde bildet, die in ästhetischen Gefühlen und Genüssen gemeinsam schwelgt. Eine solche Ethik konnte nur entstehen (nun gar im Kopf eines Atheners), als der Staatsgedanke, der noch im ethischen Denken eines Sokrates, Platon und Aristoteles zentrale Bedeutung hat, infolge der weltgeschichtlichen Entwicklung gegenstandslos geworden war. Sie ist nur verständlich im Zeichen des politischen und ethischen Niedergangs der griechischen Nation. Es fehlen auch in dieser Ethik nicht Widersprüche und Unklarheiten, wovon hier nur eine besonders hervorgehoben sei: das Verhältnis der positiven zur negativen Lust und des Wertes beider wird von Epikur durchaus unklar gelassen. Bald hören wir, daß die Sinnenlust das einzig wahre Gut sei, bald wird die rein negative Lust (die Schmerzlosigkeit und die Ataraxie) als das einzig wirkliche Gut und daher als das Telos erklärt. Dieser Widerspruch bleibt bei Epikur im Grunde durchaus unausgeglichen, so daß man die Frage aufwerfen könnte, die noch nirgends aufgeworfen ist, da das Problem einer Entwicklung des Epikur noch niemals gestellt ist, ob hier nicht zwei im Grunde unvereinbare Standpunkte vorliegen, die zwei verschiedenen Entwicklungsperioden des Epikur selber angehören. Aber auch seine Lehre vom Schmerz als größtem Übel steht mit seiner Behauptung vom Weisen in Widerspruch, der selbst unter Foltern glückselig sei.

Sehr stark wirken in der epikureischen Ethik sophistische Grundanschauungen nach; und gerade die „Immoralismen" bei Epikur haben hier ihren historischen Ursprung.

Und wenn auch ein Verteidiger der epikureischen Lehre auf den Vorwurf des Egoismus ihrer Lebensanschauung ihren Freundschaftskult demgegenüber anführen würde, so wäre doch, abgesehen davon, daß auch die Freundschaft — wenigstens theoretisch — von Epikur auf den Nutzen gegründet wird, zu sagen: es kann doch unzweifelhaft von einem „Sektenegoismus" der Epikureer gesprochen werden, wie man heutzutage von einem Familienegoismus oder — in der Politik — von einem Parteiegoismus spricht. Auch ist die Lehre, daß die L u s t das Gute sei, ja — abgesehen von Aristipp und der kyrenaischen Schule — schon von Eudoxos von Knidos, Platons einstigem Schüler an der Akademie, vertreten worden (also auch dieser Gedanke ist nicht original).

Doch nun noch ein Wort zur epikureischen Naturphilosophie, einschließlich der Psychologie: der Atomismus versagt als Weltanschauung ja völlig gegenüber dem gesamten Bereich der Organismen und zweitens gegenüber den Tatsachen aller geistigen Vorgänge. — Andererseits ist die Annahme von G ö t t e r n (bei Demokrit und Epikur) gegenüber der atomistischen Grundlehre, daß es in Wahrheit nur Atome und das Leere gibt, völlig unhaltbar. Denn diese epikureischen Götter haben ja in Wahrheit gar keine Existenzberechtigung. Nach Epikurs Lehre weilen sie in den Metakosmien, d. h. in den Zwischenräumen zwischen den zahllosen Welten (nämlich um nicht in deren Untergang mit hineingezogen zu werden). Dort weilen sie gänzlich unbekümmert um die gesamte „Welt“ außer ihnen und schwelgen dort in reinster Lust. Sie haben keinerlei Funktion noch irgendeine Aufgabe oder ein Ziel. Man weiß wirklich nicht, wozu und weshalb sie da sind. Als psychologisches Urmotiv dieser seltsamen Lehre des Epikur ist von einem modernen Forscher wohl treffend gesagt worden, daß dem Epikur bei dieser Annahme von Göttern wohl die Lichtgestalten der hellenischen Götter in seine Seele aus seiner frühen Jugendzeit wie ein Märchen hineingeleuchtet haben.

Von einer Geschichte des Epikureismus kann daher überhaupt nicht die Rede sein. Die Grundlehren des von seinen Jüngern vergötterten Meisters bleiben bis zum Erlöschen der Schule im 3. Jahrhundert n. Chr. unangetastet. Ein merkwürdiges Dokument ihres Fortlebens noch um 200 n. Chr. ist die im letzten Drittel des vorigen Jahrhunderts wiederentdeckte große Steininschrift auf der Wand einer Säulenhalle in Oinoanda tief im lykischen Binnenlande, die ein sonst nicht bekannter Diogenes, ein überzeugter Anhänger der epikureischen Lehre, zum Zwecke der Werbung für diese dort hat einmeißeln lassen. Ihr Verfasser verkündet hier nicht nur das epikureische Evangelium der inneren Freiheit des Menschen, sondern setzt sich auch kritisch mit Lehren des Empedokles und Demokrit und insbesondere mit denen der Stoa auseinander.

Anklang hat die epikureische Lebensanschauung seit dem Beginn des 1. Jahrhunderts v. Chr. besonders in Rom gefunden, wenn sie auch stets auf kleine Kreise beschränkt blieb. Ihr bedeutendstes Dokument im römischen Kulturkreis ist das Lehrgedicht des Lukrez, das nicht nur als „Quelle“ der epikureischen Philosophie von bleibendem Wert ist.

## Drittes Kapitel

## Die Skepsis

Die Skepsis als grundsätzlicher philosophischer Standpunkt, der das ganze Denken beherrscht, wird erst in der Zeit nach Alexander durch Pyrrhon von Elis begründet, dessen Lebenszeit etwa den Zeitraum von

360—270 v. Chr. umfaßt. Doch hat auch Pyrrhons Skepsis eine lange und vielverzweigte Vorgeschichte. Sicher ist jedenfalls, daß auf die Entwicklung von Pyrrhons Standpunkt nicht nur die Ansichten gewisser Demokriteer, wie Anaxarchos, sondern vor allem die erkenntnistheoretische Skepsis der alten Sophisten (Protagoras) und wohl auch die Erkenntnislehre der Kyrenaiker maßgebend eingewirkt hat.

Die Geschichte des griechischen Skeptizismus reicht (mit gewissen Unterbrechungen) von Pyrrhon bis in das dritte Jahrhundert n. Chr. Wir unterscheiden zunächst die alte Skepsis des Pyrrhon und des Timon — nach dessen Tode (etwa um 230) die altskeptische Schule alsbald erlischt — von der Form, die sie mit dem Eindringen des Skeptizismus in die Akademie Platons durch Arkesilaos erhält (in der sog. „mittleren Akademie"), ferner den Höhepunkt des griechischen Skeptizismus, der durch Karneades als Haupt der „neuen" Akademie bezeichnet wird. Mit Karneades' Nachfolger Philon von Larisa (Schulhaupt der Akademie von 110 bis etwa 88 v. Chr.) bahnt sich deutlich eine Abschwächung der radikalen Skepsis an, und sein Nachfolger, Antiochos von Askalon, Schulhaupt etwa 88—68 v. Chr., geht dann mit vollem Bewußtsein von der Skepsis zum Eklektizismus über und kehrt damit zum Dogmatismus zurück[1]). — Erst unter Ainesidemos (frühestens um 40 v. Ch.) beobachten wir ein Wiederaufleben der pyrrhonischen Skepsis (so daß die Geschichte der Philosophie hier von „Neu-Pyrrhoneern" spricht). Endlich entwickelt sich dann mit den „empirischen" Ärzten die Skepsis noch einmal im zweiten Jahrhundert n. Chr. zu hoher Blüte, wie sie vor allem durch den Namen des Sextus Empiricus (200 n. Chr.) bezeichnet wird, dessen Werke uns eine unschätzbare Quelle für die Geschichte des griechischen Skeptizismus sind.

Eine besondere Beachtung verdient daneben der bedeutende empirische Arzt und Skeptiker Menodot von Nikomedeia, dessen Blütezeit in die erste Hälfte des zweiten Jahrhunderts n. Chr. fällt. Von großem Interesse ist es, daß dieser Menodot schon eine

[1]) S. unten S. 126.

Theorie der wissenschaftlichen Forschungsmethode wie auch eine Theorie der Beobachtung entwickelt hat, die ja gerade für den Empiriker von besonderer Bedeutung sein mußte. Und ganz überraschend ist es, daß dieser Empiriker als zweiten Grund der Erfahrung die *Geschichte* statuiert. Und andererseits die Tatsache, daß er zur Verifikation der Hypothese das *Experiment* fordert (πεῖρα τριβκή). Aber wie er trotzdem kein reiner Empiriker ist, so ist er auch kein reiner Skeptiker. Denn er hat bei seinem Kardinalbegriff der πεῖρα τριβική den skeptischen Standpunkt völlig aufgegeben. Setzt er doch die Phainomena (den Inhalt der Sinneswahrnehmungen) als feste Grundlage aller Empirie. Grundlegend für die gesamte empirische Lehre ist das sehr fördernde Buch von Karl Deichgräber, Die Griechische Empirikerschule (Berlin 1930). Doch ist über Menodot auch der von Deichgräber mehrfach stark abweichende Artikel Menodot 2 in der R. E. Sp. 901, 38 ff. (von dem Verfasser dieses Grundrisses) zu vergleichen.

Pyrrhon, der selbst nichts geschrieben hat, hat offenbar nur die Grundzüge des skeptischen Standpunktes entworfen. Für ihn ist augenscheinlich das Fundament aller Philosophie und Wissenschaft das Erkenntnisproblem, d. h. dessen Beantwortung. Diesem Grundproblem gegenüber ist der Standpunkt des Pyrrhon der des „Agnostizismus“, d. h. die auf Grund wissenschaftlichen Denkens gewonnene Überzeugung, daß die Dinge für uns schlechterdings unerkennbar sind. Welche historischen und zeitgenössischen Einflüsse Pyrrhon zu diesem Standpunkt geführt haben, können wir nur mit einiger Wahrscheinlichkeit vermuten. Sicher aber machte er diesen Standpunkt sowohl gegenüber der Sinnes- wie der Vernunfterkenntnis geltend. Und eben hier erkennen wir deutlich die Nachwirkungen von Gedankengängen der alten Sophistik. Nicht nur die Sinneseindrücke sind bei den einzelnen Menschen verschieden; auch ihre durch Denken gewonnenen Meinungen sind zwiespältig und oft einander entgegengesetzt, wie sich ja jeder Behauptung gegenüber die entgegengesetzte mit gleichem Rechte verfechten läßt. Wir können daher gar nicht sagen: „Der Schnee ist weiß“, sondern nur: „er erscheint uns in diesem Augenblick weiß“, wie wir auch nicht behaupten können: „Der Honig ist süß“, sondern nur, daß er u n s süß schmeckt. Was aber an objektivem Sachverhalt diesen „Erscheinungen“ zugrunde liegt, vermögen wir überhaupt nicht zu erkennen.

Schon die alte Skepsis hat ihren Agnostizismus auch auf die Ethik ausgedehnt: auch hier können wir Menschen gar keine positiven Meinungen haben; widersprechen sich doch vielfach die Ansichten verschiedener Völker über dieselben Dinge in geradezu diametraler Weise: was dem einen Volke heilig, ja göttlich, erscheint dem anderen greulich oder scheußlich. Wenn es aber Gut und Böse von Natur und nicht nur auf Grund der Konvention (νόμῳ) gäbe, dann müßte a l l e n Menschen dasselbe als gut (oder böse) erscheinen, so wie z. B. der Schnee allen Menschen kalt vorkommt. Wir können daher auch auf ethischem Gebiete keinerlei Werturteile fällen, sondern höchstens sagen, wie uns eine Sache erscheint. Angesichts dieser Sachlage kann unser Standpunkt nur der einer grundsätzlichen Enthaltung jeder Meinung über etwas sein, d. h., wir müssen v o l l k o m m e n e Z u r ü c k h a l t u n g (ἐποχή) unseres Urteils üben. Denn wir können von einer Sache weder das eine noch das andere (das Gegenteil jenes Einen) behaupten. Dies ist der Standpunkt des „Um-nichts-mehr“ (nämlich: läßt sich dies von dem Dinge behaupten als etwa sein Gegenteil). Daher verzichten die Skeptiker auch auf alle Definitionen. Ihre Äußerungen über die Dinge aber, soweit sie solche überhaupt machen, sind nur als ein „Bekenntnis“ darüber aufzufassen, wie ein Ding ihnen erscheint, nicht aber als eine Behauptung.

Angesichts dieses „Gleichgewichtes“ der ⟨entgegengesetzten⟩ Standpunkte kann der des Skeptikers also nur der des vollkommenen Verzichtes auf jedwede Meinung sein; und eben dieser grundsätzliche Verzicht — denn unsere „Meinungen“ sind ja die Ursache all unseres Elends — dieser grundsätzliche Verzicht und nur er hat die vollständige Seelenruhe des Philosophen zur Folge, die durch nichts auf der Welt gestört werden kann (die sog. „A t a r a x i e“). Es ist also das Endergebnis der alten Skepsis für den Menschen dem der Stoa und des Epikur durchaus ähnlich: die von der

Außenwelt völlig unabhängige, von allem äußeren Geschehen völlig unerschütterte Gemütsruhe des Menschen, die völlige Unzerstörbarkeit seines seelischen Gleichgewichts. Die Gründe, die zu diesem so überraschend ähnlichen Grundergebnis führen, sind freilich einander geradezu entgegengesetzt.

Man könnte glauben, daß dieser Standpunkt der vollkommenen Gleichgültigkeit („Adiaphoria") gegenüber den Dingen Pyrrhon und Timon gegenüber dem praktischen Leben zu einem vollendeten Quietismus geführt hätte. Davon sind sie jedoch weit entfernt; ihr Sinn war offenbar noch „lebensnahe" genug, den Forderungen des wirklichen Lebens wenigstens bis zu einem gewissen Grade gerecht zu werden. Und so lehren sie denn: gegenüber den physischen Bedürfnissen muß man einfach dem Naturzwange folgen (wenn auch stets mit innerem Vorbehalt, einer „reservatio mentalis" sozusagen). Im übrigen folgen wir Menschen am besten dem Herkommen und der Gewohnheit und, wo diese uns im Stich lassen, unserem Gutdünken (wobei aber unser inneres Verhalten stets nur ein bedingtes, gewissermaßen „hypothetisches" ist, ohne daß wir uns damit irgendwie eine positive Meinung oder ein Urteil über die Sache bilden wollten).

Durch Arkesilaos (Haupt der Akademie etwa von 270—241 v. Chr.) dringt die Skepsis in die platonische Akademie ein. Anstöße zur Bildung seines skeptischen Standpunktes konnte ihm schon Platons Lehre von der Unerkennbarkeit der Sinnenwelt geben; zweifellos hat aber darauf — das ergibt sich schon aus den Angaben unserer Quellen — auch die megarische und die elisch-eretrische Dialektik und die Skepsis des Pyrrhon eingewirkt. Andererseits hat mittelbar die starre stoische Dogmatik ihn zum Widerspruch herausgefordert. Der grundsätzliche Standpunkt des Arkesilaos gegenüber dem Erkenntnisproblem ist derselbe wie der des Pyrrhon: er bestreitet die Wahrheit der Sinnes- und der Vernunfterkenntnis und leugnet, wie dieser, jedes Kriterium der Erkenntnis, so daß auch er das Prinzip der „Epoché" vertritt. Die Stärke des Arkesilaos aber — und darin liegt wesentlich seine historische Bedeutung — ist die Negation, d. h. die schlagende Polemik gegen die Dogmatik der zeitgenössischen Philosophenschulen, vor allem der Stoa. Und hier richtet er seinen Angriff zielbewußt auf das Kardinaldogma der stoischen Erkenntnislehre, auf die Lehre von der „kataleptischen" Vorstellung als Kriterium des Wissens (vgl. oben Bd. III S. 104). Von seinen drei Beweisgängen in dieser Richtung wendet sich der dritte gegen das — in den Augen der Stoiker entscheidende — Merkmal der Evidenz, indem er demgegenüber behauptet: keine Vorstellung, die auf etwas Wirklichem beruht, ist derartig, daß nicht eine ebensolche Vorstellung auf Grund von etwas Unwirklichem entstehen könnte, und diese Behauptung dann durch konkrete Beispiele erhärtet. Mit dem Merkmal der Evidenz kommt dann aber überhaupt das Wissen, d. h. jede Möglichkeit wirklichen Wissens zu Fall. Vor allem aber weist Arkesilaos den inneren Widerspruch im Begriff der stoischen kataleptischen Vorstellung nach und folgert daraus, daß es eine solche nicht gibt und daher auch keine Erkenntnis. Wie Zeller treffend bemerkt, scheint Arkesilaos freilich geglaubt zu haben, daß er mit der stoischen Lehre von der kataleptischen Vorstellung überhaupt jede Möglichkeit einer Vernunfterkenntnis widerlegt habe; „er scheint also den stoischen Sensualismus als die allein denkbare dogmatische Erkenntnistheorie betrachtet zu haben." Jedenfalls verlautet in unseren Quellen nichts von einer Polemik des Arkesilaos gegen die Erkenntnislehre eines Platon oder Aristoteles. Im übrigen zeigen sich bei Arkesilaos schon deutlich die Ansätze zur Selbstaufhebung des skeptischen Standpunktes, in ganz ähnlicher Weise, wie wir es in der These des Demokriteers Metrodor von Chios (Fr. 1 Diels) sehen.

Gegenüber dem Agnostizismus des Arkesilaos war der Haupteinwand der zeitgenössischen Dogmatik, vor allem der Stoa, der, daß die radikale Leugnung der Möglichkeit jedes Wissens alles sittliche Handeln aufhöbe. Was zunächst das Handeln überhaupt anbetrifft, so erwidert hierauf Arkesilaos, daß das Begehren des Menschen von selbst zum Handeln führe, ohne einer inneren Zustimmung zu bedürfen. Im übrigen macht er aber hier den Gegnern ein bedeutsames Zugeständnis: durch seine Lehre vom „E u l o g o n" ⟨dem guten Grunde⟩, das er als Prinzip für das praktische Leben aufstellt. Auf Grund eben dieses Eulogon ⟨ein Begriff, der übrigens in der neueren Forschung stark umstritten ist⟩ wird der Skeptiker sein Wählen und Meiden regeln wie überhaupt seine Handlungen und so die Glückseligkeit in der Ataraxie ⟨der Gemütsruhe⟩ finden. Das Eulogon spielt hier also gegenüber dem praktischen Leben die Rolle des Kriteriums. Das Eulogon selbst hat seine subjektive Grundlage in der praktischen Klugheit (φρόνησις) des Menschen. In dieser Lehre zeigt sich also eine bedenkliche Erweichung des skeptischen Standpunktes.

Durch die schneidende Polemik des Arkesilaos gerät die Stoa, d. h. Zenons Nachfolger Kleanthes, in arge Bedrängnis, während zu gleicher Zeit die stoische Orthodoxie durch die kynisierende Richtung des Ariston von Chios ernstlich bedroht wird. Und nur dem Auftreten des Chrysipp ist, wie Hans v. Arnim schön gezeigt hat, die Rettung der Stoa aus dieser kritischen Lage zu danken.

Die nächsten Nachfolger des Arkesilaos (so insbesondere Lakydes) sind, wie schon Zeller klar erkannt hat, historisch bedeutungslos, weil in philosophischer Hinsicht völlig steril. Erst mit *Karneades* tritt der bedeutendste Skeptiker und zugleich einer der schärfsten Dialektiker der Antike überhaupt auf.

Karneades aus Kyrene (214—129 v. Chr., Haupt der Akademie etwa 160—137) hat — im Einklang mit seinem skeptischen Grundstandpunkt — nichts geschrieben, aber einer seiner Schüler, Kleitomachos aus Karthago, hat seine Lehren, offenbar mit großer Treue, aufgezeichnet. Auch bei Karneades unterscheiden wir einen negativen und einen positiven Teil der Philosophie. Seine Hauptstärke liegt in dem negativen, aber auch in dem positiven zeigt sich die umfassende, systematische Art seines kritischen Denkens, die auch weit eindringender ist als die des Arkesilaos. Von grundlegender Bedeutung ist seine Beweisführung gegen jede Annahme eines Kriteriums, wobei er übrigens mit seinen Gegnern die Voraussetzung gemeinsam hat, daß alle Erkenntnisse aus der sinnlichen Wahrnehmung stammen. Die (auf der Sinneswahrnehmung beruhende) Vorstellung (φαντασία) trügt oft und steht im Widerspruch mit den sie erregenden Gegenständen. Es kann also nicht jede Vorstellung ein Kriterium der Wahrheit sein, sondern nur die wahre Vorstellung. Da es nun aber eine Vorstellung, die niemals trugt, nicht gibt, sondern zu jeder scheinbar wahren eine ihr vollkommen gleiche falsche vorhanden ist — ein Argument, auf das Karneades ebenso wie Arkesilaos entscheidendes Gewicht legt —, wird das Kriterium in der gemeinsamen Vorstellung des Wahren und Falschen bestehen. Aber eine solche, diesen beiden gemeinsame, Vorstellung ist nicht kataleptisch ⟨d. h. die Wahrheit ergreifend⟩. Dann aber kann sie nicht Kriterium sein. Wenn es aber keine kritische Vorstellung gibt, kann auch die Vernunft nicht Kriterium sein, denn diese gründet sich eben auf die Vorstellung. Denn ihr ⟨der Vernunft⟩ muß das zu Unterscheidende zum Bewußtsein kommen; das ist aber ohne die vernunftlose Sinneswahrnehmung unmöglich. Es ist daher weder die Sinneswahrnehmung noch die Vernunft das Kriterium. ⟨Da aber ein Drittes nicht denkbar ist, wird damit jedes Kriterium der Wahrheit hinfällig.⟩ — Es war nur folgerichtig, wenn Karneades, wie einst Protagoras, auch jede mathematische Erkenntnis leugnete.

Die ganze Wucht und Schärfe seiner Dialektik aber wendet Karneades gegen den stoischen Dogmatismus, und zwar in der Form, wie sie diesem einst Chrysipp gegeben hatte. Und hier vor allem gegen die stoische Theologie, zunächst gegen ihre dogmatischen Gottesbeweise, ganz besonders gegen ihre Lehre von der Vorsehung wie überhaupt gegen jede teleologische Weltansicht, wobei er eine geradezu schneidende *Antitheodizee* entwickelt. Aber den Hauptangriff richtet Karneades erst gegen den stoischen Gottesbegriff selbst, indem er die Schwierigkeiten und zum Teil unlösbaren Aporien in diesem Begriff aufweist, so insbesondere die unlösbaren Widersprüche zwischen der Vorstellung von Gott als persönlichem und von Gott als unendlichem Wesen. Und dann entwickelt er mit grausamer Schärfe die Aporien, die sich aus der Vorstellung von Gott als einem lebenden Wesen (ζῷον) ergeben, und folgert daraus, daß ein solches Wesen schlechterdings vergänglich sein muß, also kein Gott sein kann. Und ebenso zeigt er, daß man der Gottheit keinerlei Tugend zuschreiben kann. Denn der Tugend bedarf nur derjenige, der Versuchungen und Anfechtungen zu überwinden hat; das aber kommt bei der Gottheit überhaupt nicht in Frage. Mit der gleichen Schärfe zersetzt Karneades den Gottesbegriff des anthropomorphen Polytheismus. Auch hier zeigt er mühelos die in ihm verborgenen unlösbaren Aporien auf. Und ebenso scharf bekämpft er den stoischen Fatalismus ⟨gegen den er vor allem die Tatsache der Willensfreiheit ausspielt⟩ und in engstem Zusammenhang hiermit in geradezu klassischer Weise die Weltanschauung der Astrologie — Argumente, die noch ein Augustin verwerten sollte. Ebenso vernichtend ist seine Widerlegung der Voraussetzungen der stoischen Lehre von der Kunst der Weissagung (der Mantik).

Aber auch die Begriffe des Rechtes ⟨der Gerechtigkeit.⟩ und der Sittlichkeit werden von diesem unerbittlichen Dialektiker auf das schärfste bekämpft. Denn, so führt er aus, es gibt keine Gerechtigkeit „an sich“ — ist doch alles Recht nur relativ —; sollte sie aber, d. h. diese ideale Gerechtigkeit, doch irgendwie wirklich vorkommen, wäre sie die denkbar größte Torheit. In Wahrheit schließen sich die sog. Gerechtigkeit und die wahre Klugheit (auf der alle Selbsterhaltung, alles Gedeihen und Vorwärtskommen der einzelnen wie der Staaten beruht) gegenseitig aus. Entweder man ist „gerecht“ — dann ist man ein vollendeter Narr — oder man ist wirklich klug; dann aber kann man unmöglich gerecht sein.

Mit der gleichen Wucht wendet sich Karneades gegen das Fundament jeder positiven Ethik, gegen die Voraussetzung nämlich, daß es ein absolutes Gut und Böse gibt. Wäre das der Fall, sagt Karneades, dann müßte doch allen Menschen ein und dasselbe gut und gerecht, dasselbe schlecht und schändlich erscheinen. Daß das aber nicht der Fall ist, zeigt uns schon die vergleichende Völkerkunde. ⟨Auch dies ein altsophistisches Argument, das auch schon Arkesilaos benutzt hatte.⟩

Übrigens hat Karneades auch an der Götterlehre des Epikur eine vernichtende Kritik geübt. Bei seinem Kampf gegen die stoische wie gegen die epikureische Theologie darf man jedoch nicht übersehen, daß er hierbei keineswegs einen atheistischen Standpunkt vertreten wollte; das wäre ja ein Rückfall in den Dogmatismus gewesen: der echte Skeptiker aber vertritt überhaupt kein Dogma. Karneades hat also nicht das Dasein von Göttern oder göttlichen Mächten geradezu leugnen wollen, sondern nur mit Bewußtsein, d. h. grundsätzlich, darauf verzichtet, etwas von der Gottheit wissen zu wollen, wie Zeller treffend urteilt. Andererseits verdient es Beachtung, daß sich sämtliche Argumente des Karneades (in seinem Kampf gegen die dogmatische Theologie) nur gegen die anthropomorphen und anthropoiden Elemente des Gottesbegriffs richten — wie sie, abgesehen von dem polytheistischen Volksglauben, gerade in dem stoischen und dem epikureischen Gottesbegriff enthalten sind —, während sie den rein metaphysischen Gottesbegriff überhaupt nicht berühren.

Die Stärke von Karneades' Dialektik liegt fast ganz in der systematischen Negation, d. h. in seiner vernichtenden Kritik der zeitgenössischen philosophischen Dogmatik. Aber doch hat auch er gegenüber den unabweisbaren Forderungen des praktischen Lebens eine starke Konzession und damit eine relative Abschwächung des skeptischen Grundstandpunktes zulassen müssen, durch seine Probabilitätslehre nämlich, in der er drei Grade von Wahrscheinlichkeit unterscheidet: die glaubhafte, die glaubhafte und unwidersprochene und die glaubhafte, unwidersprochene und allseitig geprüfte Vorstellung — Unterschiede, die hier freilich nur angedeutet werden können. Die erste Art dieser Vorstellungen genügt gewöhnlich im praktischen Leben; bei Meinungsverschiedenheit genügt die zweite, aber in Fällen, wo es sich um unser Wohl oder Wehe handelt, bedürfen wir unbedingt der dritten.

Die Wirkung der Skepsis des Karneades sollte für die weitere Entwicklung der hellenistischen, insbesondere der stoischen Philosophie von tiefgreifender Bedeutung werden.

## Viertes Kapitel

### Die mittlere Stoa[1])

„Unter Chrysipps nächsten Nachfolgern hat die Stoa weiter durchaus in Blüte gestanden .... aber innerlich herrschte in ihr ein Epigonentum. Auf die Zeit des schöpferischen Denkens war die des nur erhaltenden Schulbetriebes gefolgt. Das große Ringen um die Weltanschauung löste sich in Einzelkämpfe um Schuldogmen auf, und das Gefährliche war, daß die Stoiker sich dabei gerade an entscheidenden Stellen das Gesetz des Denkens von den Gegnern vorschreiben ließen. Sollte die Stoa ihre Bedeutung für das allgemeine Geistesleben der Griechen behalten, mußte frisches Leben einziehen, ein neuer Geist, der sich ausschließlich an die großen Grundgedanken der stoischen Weltanschauung hielt und sie aus eigenem Lebensgefühl heraus für die Gegenwart fruchtbar machte. — Diesen neuen Geist hat Panaitios gebracht."

Diese Worte von Pohlenz kennzeichnen treffend die geistespolitische Lage der Stoa um das Jahr 130 v. Chr. und verdienen, den Übergang zu dem hier folgenden Kapitel zu bilden.

Daß mit Panaitios wirklich eine ganz neue Periode in der Geschichte der stoischen, wie überhaupt der griechischen Philosophie beginnt, ist seit dem Buch von August Schmekel[2]) von den meisten Forschern anerkannt. Denn dieser hat vor allem auf Grund seiner methodischen Analyse[3]) von Cicero *de officiis* wie auch seiner Schriften *de legibus* I und *de republica* I—III nebst Varros *Antiquitates rerum divinarum* I die feste Grundlage für unsere Erkenntnis der Leistung des Panaitios geschaffen und wirklich Wesentliches und Bedeutendes über dessen Person und Philosophie als sichere Ergebnisse gewon-

---

[1]) Wir behalten diesen Terminus trotz Pohlenz' Verwerfung als eine rein zeitliche Bestimmung mit Nachdruck bei.

[2]) Die Philosophie der mittleren Stoa. Berlin 1892.

[3]) Diese Analyse stößt bei dem Bestreben, die Ausführungen Ciceros von dem Gedankengut des Panaitios reinlich zu scheiden, freilich an manchen Stellen auf erhebliche Schwierigkeiten.

nen. Es müssen nämlich vor allem Ciceros Schriften schon deshalb die feste, ja maßgebende Grundlage für unsere Kenntnis und unser Verständnis der Persönlichkeit und Leistung des Panaitios bilden, weil wir von dessen Schriften keinerlei Fragmente im griechischen Original besitzen und auch unsere sonstigen Nachrichten über ihn und seine Lehre nur kümmerlich sind. So wertvoll aber auch Schmekels Ergebnisse sind, so ist doch unsere Erkenntnis von Panaitios' Persönlichkeit und der epochemachenden Bedeutung seiner Philosophie durch die Forschungen von Pohlenz in ein ganz neues, nicht nur vielfach überraschendes, sondern auch in allem Wesentlichen durchaus überzeugendes Licht getreten. Und zwar, von vielen seiner stets wirklich fördernden Einzeluntersuchungen abgesehen, durch seine zwei Bücher „Antikes Führertum"[1]) und nunmehr vor allem durch sein Grundwerk „Die Stoa". Seine Ergebnisse müssen daher wenigstens in ihren Hauptpunkten der hier folgenden Darstellung zugrundegelegt werden, wenn auch das, was in der ersten Auflage dieses Grundrisses über Panaitios gesagt ist, in jedem Satz bestehen bleibt. Aber seit Pohlenz' Zeichnung eines ganz neuen Panaitios-Bildes, die in historisch-philologischer wie in philosophischer und insbesondere in psychologischer Hinsicht völlig überzeugend wirkt, ist es geboten, das Wesentliche seiner neuen Ergebnisse hier wenigstens in nuce darzulegen, um so mehr, als die wahre Bedeutung des P. bis in die Gegenwart von einzelnen hervorragenden Historikern der Griechischen Philosophie noch immer verkannt wird, so daß er sogar von zweien dieser als „Eklektiker" bezeichnet wird.

Aber dieser Panaitios ist, wie schon in der ersten Auflage dieses Grundrisses gezeigt ist, ein so erstaunlich selbständiger Denker in seiner kritischen Haltung gegenüber den großen Systemen seiner Vorgänger wie andererseits in seinen originalen positiven Neuschöpfungen gewesen, daß die Bezeichnung des Panaitios als Eklektiker aus der Wissenschaft ein für alle-

---

[1]) Antikes Führertum (Cicero de officiis und das Lebensideal des Panaitios). Leipzig 1934.

mal verschwinden muß. Schon seine innere Einstellung gegenüber dem altstoischen Dogma ist so frei und selbständig wie andererseits seine Würdigung auch nichtstoischer Lehren (so insbesondere des Platon und Aristoteles) — obgleich er selber diesen von ihm hochverehrten Häuptern durchaus selbständig gegenübersteht, so unbefangen und zugleich folgenreich für die Entwickelung seiner eigenen Philosophie, daß schon darum mit ihm eine ganz neue Periode in der Geschichte der Stoa wie überhaupt der hellenistischen Philosophie beginnen muß.

Der nüchterne geistesklare Grieche P. zeichnet sich durch scharfen Rationalismus gegenüber allen mystisch-theologischen Tendenzen, vor allem aber durch erfrischende Selbständigkeit gegenüber der seit Chrysipp so starren altstoischen Orthodoxie wie überhaupt durch weltoffenen Sinn und vor allem durch gesunden Menschenverstand gegenüber den altstoischen Paradoxien und Verstiegenheiten aus. Aber er mildert nicht nur die Schroffheiten und doktrinären Einseitigkeiten der alten stoischen Lehre, sondern läßt sogar manche ihrer wichtigen Positionen vollständig fallen; er läßt überhaupt die Philosophie sozusagen dem wirklichen Leben ganz bewußt näher treten. Auch trägt er, auch hierin durchaus vorurteilslos, den erschütternden Angriffen eines Karneades auf das stoische Dogma in höchst besonnener Weise Rechnung, weist aber auch manche Attacken des Karneades siegreich zurück. — Alles in allem ist er, wie sich bald zeigen wird, ein Realist im besten Sinne des Wortes oder, besser gesagt, ein Idealist auf durchaus realistischer Grundlage, und dabei als Denker wie als Mensch eine bewundernswerte Persönlichkeit.

Doch werfen wir zunächst einen Blick auf den Werdegang dieses Mannes. Panaitios stammt von der Insel Rhodos, einem Freistaat mit rein griechischer Bevölkerung, der seine Selbständigkeit gegenüber den Diadochen in ihren wechselvollen Kämpfen und bisher auch Rom gegenüber mit erstaunlichem Geschick behauptet hatte, aus altem adligen, reichen Geschlecht, wie denn sein Vater Nikagoras schon im Jahre 169 als Gesandter nach Rom geschickt worden war. Aber seinen Wunsch, ebenfalls die politisch-militärische oder doch die diplomatische Laufbahn einzuschlagen — was ihm zweifellos am liebsten gewesen wäre —, hat er angesichts der starken Einschränkung der rhodischen Selbständigkeit nach dem makedonischen Kriege durch Rom in klarer Erkenntnis der dadurch sehr veränderten Lage schon früh aufgegeben und sich dem Studium der Wissenschaften zugewandt. Zunächst wohl in Pergamon als Hörer des Philologen Krates, dann aber — weil ihm dieser nicht geben konnte, was er suchte — in Athen Schüler der Stoa, deren Haupt damals Diogenes von Babylon war; doch hat er dort sicher auch den großen Gegner der Stoa Karneades von Kyrene wie auch andere (nichtstoische) Philosophen gehört. Aber keinesfalls die epikureische Schule; denn diese kam bei dem quietistischen Grundcharakter der Philosophie ihres Gründers in ethischer Beziehung und überhaupt bei ihrer weltanschaulichen Basis auf der demokritischen Atomlehre für ihn überhaupt nicht in Betracht. Aber auch die damalige Akademie und der Peripatos, der sich immer mehr nach der Seite der exakten Fachwissenschaften hin entwickelt hatte, konnte ihn bei seinem Grundcharakter, der nicht auf die Theorie, sondern auf das wirkliche Leben gerichtet war, ebensowenig fesseln. Dagegen ist er der Stoa trotz allem treu geblieben. Zweifellos hat er aber schon damals auch die Hauptwerke des von ihm aufs höchste verehrten Platon und sicher auch die des Aristoteles gründlich gelesen und für sein Denken dadurch nachhaltige Eindrücke empfangen.

Aber die wahrhaft entscheidende Wendung in seinem Leben und Denken tritt erst durch seine persönliche Begegnung mit der neuen Weltmacht ein, d. h. mit Rom und den führenden Männern seiner Aristokratie. Vor allem mit Scipio Africanus, dem Eroberer Karthagos, dem mächtigsten Manne der Zeit, zu dem er im Lauf der Jahre, wohl etwa seit 150, in ein einzigartiges, enges, geistig-sittliches und rein menschliches Verhältnis tritt, eine Tatsache, die von tiefgreifender Bedeutung für ihn selber wie auch für das römische Wesen werden sollte.

Wie denn ein ausgezeichneter Kenner der griechischen und römischen Literatur der Zeit einmal gesagt hat[1]): „Die welthistorische Bedeutung der Stoa liegt in ihrer Verbindung mit dem Römertum, die sich damals durch Panaitios' Vermittlung vollzog.... Das Entscheidende war, daß eine griechische Philosophie sich in ihren für die Lebensführung bestimmenden Lehren mit verwandten Grundzügen des Römertums zusammenfand", und zwar, dürfen wir hinzufügen, nicht die alte, halb orientalische Stoa, sondern die völlig andersartige rein hellenische Stoa des Panaitios, und das intime persönliche Verhältnis zwischen dem bedeutendsten Griechen und dem bedeutendsten Römer der Zeit. Hier lernt Panaitios durch jahrelangen persönlichen Verkehr mit den Häuptern der römischen Aristokratie eine ganz neue Welt kennen: die römische Weltmacht in ihren erlauchtesten Führern. So wird ihm ein großes nichtgriechisches Volk in seiner Eigenart, seiner Geschichte, seiner politischen und sozialen Struktur, seiner Kultur, wie auch seiner Literatur in überwältigender Weise bekannt, ja zu dem größten Erlebnis seines Denker- und Forscherlebens, zumal er die lateinische Sprache so gründlich erlernte, daß er sich bald darin wie in einer zweiten Muttersprache frei und zwanglos ausdrücken konnte. Daß sich hierdurch sein geistiger Horizont ebenso wie durch seine Teilnahme an Scipios großer Orientreise, die ihn „über Alexandria nilaufwärts bis nach Memphis, dann über Rhodos, Zypern, Syrien bis nach Ekbatana und Babylon führte"[2]), unendlich erweitern und vertiefen mußte, leuchtet ein. Es mag aber auch die für sein intimes Verhältnis zu Scipio wie für seinen eigenen wissenschaftlichen Forschersinn charakteristische, von Eduard Norden aus dem Herkulanensischen Stoikerverzeichnis herangezogene Notiz verwertet werden, laut der Scipio noch vor Zerstörung Karthagos (i. J. 146) von dort aus Panaitios und Polybios πρὸς φιλομάθησιν, d. h. zu reinen Forschungszwecken mit sieben Schiffen an der Nordwest-

[1]) Friedrich Leo, Geschichte der römischen Literatur I 322.

[2]) Eduard Norden, Germanische Urgeschichte in Tacitus' Germania, S. 435 A.

küste Afrikas, d. h. an der Küste des heutigen Marokko entlang sandte. Wir müssen hiernach annehmen, daß Panaitios mit Scipio schon vor dem Jahre 146 in nähere persönliche Berührung getreten ist, wahrscheinlich, wie Leo vermutet hat, erst von Polybios, dem Lehrer und Vertrauten Scipios, nach Rom gerufen. — Über das Leben des Panaitios in dem Jahrzehnt nach der Rückkehr von der großen Reise mit Scipio im Jahre 139 fehlen uns alle näheren Nachrichten. Das aber steht durch das Zeugnis des Stratokles fest, daß er „bald in Rom und bald in Athen war" und daß man allen Grund zu der Annahme hat, daß er sich jahrelang in Rom in engstem Verkehr mit Scipio und seinem Kreise aufgehalten hat. Vollkommen sicher ist aber, daß er im Jahre 129 nach dem Tode des Antipater das Haupt der Stoa in Athen geworden und bis zu seinem Tode im Jahre 99 geblieben ist. — In demselben Jahre, in dem Panaitios die Leitung der Stoa übernahm, wurde Scipio, ein leidenschaftlicher Gegner der Gracchischen Bewegung, meuchlings ermordet.

Nun aber wenden wir uns zur Philosophie des Panaitios. Die Logik, die in der alten Stoa eine so überragende Rolle gespielt hatte — man denke nur an die 311 Schriften des Chrysipp zu logischen Problemen —, schiebt er, wie überhaupt alle dürren Abstraktionen Chrysipps, schweigend beiseite; logische Probleme interessieren ihn überhaupt nicht. Um so mehr aber alle Fragen, die die Welt- und vor allem die Lebensanschauung betreffen, daher die Physik (in dem antiken Sinne des Wortes, der auch die Naturphilosophie und Psychologie einbegreift) bis zu einem gewissen Grade durchaus, aber vor allem, das Zentrum seiner ganzen Philosophie bildend, die Ethik, die auch die Politik und Soziologie einbegreift.

Das Fundament seiner gesamten Weltanschauung bildet die Logos-Lehre der alten Stoa, d. h. Zenons, nach der der Logos das ganze Weltall durchwaltet und nach höchsten Zwecken gestaltet. Der Kosmos in seiner harmonischen Ganzheit und Vollkommenheit ist auch Panaitios' tiefste Grundanschauung, wobei ihn aber nicht nur die wundervolle Ordnung und Zweckmäßigkeit des Kosmos, sondern auch dessen Schönheit entzückt, und zwar nicht nur die Majestät des nächtlichen Sternenhimmels, der sich dem Südländer noch weit überwältigender offenbart als dem Sohne des nebligen Nordens, sondern auch, wie Pohlenz gezeigt hat, die Schönheit des Kosmos in all seinen Bereichen auf unserer Erde, in dem mannigfachen Wechsel und den Gegensätzen der Landschaft im Gebirge und am Meeresgestade wie in dem Bereich der Tier- und Pflanzenwelt. Überall offenbart sich ihm der alles mit unendlicher Weisheit durchwaltende Logos. Aber schon hier offenbart sich die prachtvolle Unbefangenheit von Panaitios' philosophischem Denken. Während die alte Stoa, unter dem Einfluß der Lehre des Herakleitos und seiner ionischen Vorgänger von Weltperioden auf Grund eines sich in ungeheuren Zeiträumen wiederholenden Untergangs und darauf folgender Erneuerung der Welt, diesen Glauben mit all seinen Konsequenzen — man denke an die groteske Lehre von der damit verbundenen Wiedergeburt (Palingenesie) aller Dinge — festhielt, verwirft Panaitios diese Lehre im Hinblick auf die Weisheit, die Harmonie und Beständigkeit des göttlichen Waltens, d. h. des Logos, wie ja schon Aristoteles und Theophrast die Ewigkeit der Welt auf das nachdrücklichste nicht nur behauptet, sondern erwiesen hatten.

Ein zweiter wichtiger Punkt der Weltanschauung des P. betrifft die Art des Regimes, wenn man so sagen darf, des die gesamte sichtbare Welt durchwaltenden und gestaltenden Logos. Wohl unter dem Eindruck der Antitheodizee des Karneades lehrt P. im Hinblick auf so manche Naturvorgänge wie Erdbeben und meteorische, oft die mühselige Arbeit des Menschen oder das herrliche Sprossen und Wachsen in der organischen Natur zerstörende Ereignisse, daß sich die Herrschaft der Weltvernunft nur auf die Erhaltung des Ganzen richtet. Der Satz „das Einzelne muß vergehen, damit das Ganze besteht“ ebenso wie der Ursatz der altionischen Physiker „Was entstanden ist, muß (eines Tages) wieder zugrunde gehen“ ist auch die Grundanschauung des Panaitios. Es gibt daher für ihn überhaupt kein

Problem der Theodizee, um dessen Lösung sich schon Chrysipp und seine Nachfolger gegenüber den Argumenten des Karneades so verzweifelt bemüht hatten.

Der Hauptgegenstand der Philosophie des P. ist überhaupt nicht der Makrokosmos, sondern der Mensch, wie denn P. in seinem Werk von den zehn Philosophenschulen mit Sokrates die Geschichte der eigentlichen Philosophie beginnt, ein Epochenansatz, der bis auf den heutigen Tag seine Bedeutung behalten hat. Sprechen wir doch noch heute von der ersten großen Hauptperiode der griechischen Philosophie stets als von den „Vorsokratikern". Ist doch für Sokrates der Mensch der einzige Gegenstand aller ernsten Problematik. Und hier zeigen sich nun dank Pohlenz' Forschungen alsbald ganz neue und wirklich bedeutende Gedanken des Panaitios.

Wirklich neu in der Geschichte der griechischen Philosophie ist vor allem P.'s echt hellenische Auffassung vom Menschen überhaupt. Denn während die Orphiker und Pythagoreer, vor allem aber Platon, durchaus im Gegensatz zu dem allgemein griechischen Volksempfinden, wie es noch die Homerischen Gedichte zeigen, Leib und Seele des Menschen als unversöhnliche Gegensätze empfunden und mit stärkstem Nachdruck behauptet hatten, erkennt der Hellene Panaitios den lebenden Menschen als ein (ἕν), d. h. als eine unlösbare Einheit. Denn beide — Leib und Seele — hängen gegenseitig voneinander ab. Keiner von beiden kann ohne den andern auskommen. Kann doch der Mensch ohne die Sinne (αἰσθήσεις), insbesondere ohne den Gesichts- und Gehörsinn, die äußere Welt und damit den Kosmos gar nicht erkennen und somit auch nicht zu irgendwelcher Gotteserkenntnis gelangen. — Und wie sollte er ohne Hilfe seiner Hände irgendwelche Gedanken oder Absichten von sich überhaupt verwirklichen können? Und ohne die Sprache, die ohne körperliche Organe undenkbar, überhaupt nicht vorstellbar ist, könnte er ja gar nicht zur Verständigung mit seinesgleichen und damit zum Gefühl der Zusammengehörigkeit der Menschen oder gar zu einer auf der Basis des Rechtes organisierten menschlichen Gemeinschaft gelangen, ohne die ja jede Kultur, d. h. sowohl der Staat und die Wissenschaft wie auch die Religion völlig unmöglich wäre. Und auf der anderen Seite: Was wäre der Körper ohne die ihn belebende und bewegende Seele? Nein! Leib und Seele sind eine gottgewollte Einheit. Erst wenn der Tod eintritt, wird diese Einheit für immer aufgelöst, und die Seele geht alsbald zugrunde. Sie verweht in den Lüften wie ein Hauch oder Rauch[1]).

Trotz seiner tiefen Verehrung für Platon verwirft daher Panaitios den Glauben an ein Fortleben nach dem Tode. Und ebensowenig vermag er an eine Präexistenz der Seele, an ein Leben dieser in einem vorweltlichen Dasein, zu glauben. Schon die Tatsache der Vererbung geistiger Eigenschaften der Eltern oder Großeltern auf die Kinder bewies ihm, daß nicht etwa eine neue Seele „von außen her" in das Neugeborene eintritt. Denn woher sollte denn diese kommen? Wie wäre überhaupt die Existenz einer Seele ohne einen Körper vorstellbar? — Schon Straton der Physiker, der Nachfolger des Theophrast in der Leitung der peripatetischen Schule zu Athen, hatte daher die Unsterblichkeit der Seele nicht nur bestritten, sondern sogar Platons Beweise dafür im Phaidon scharfsinnig widerlegt[2]).

Panaitios vertritt als erster in der griechischen Philosophie (wenn wir vom Atomismus und seinem Nachfahren Epikur hier absehen) ganz bewußt und mit all seinen Konsequenzen, d. h. nicht naiv, wie die griechische Volksanschauung, einen anthropologischen Monismus. Denn den ganzen Menschen als eine unlösbare Einheit hat von allen griechischen Philosophen zuerst Panaitios erfaßt.

P.'s zweite, gegenüber der alten Stoa und vor allem gegenüber Chrysipp[3]), geradezu revolutionäre Neuerung ist eine scharfe Scheidung des Logos und der irrationalen Kräfte der Seele, der Triebe (ὁρμαί) und der (πάθη). Der Jünger der Philosophie muß aber wissen, was der Grieche unter dem Wort „Páthos" versteht.

---

[1]) So war selbst nach Platons Zeugnis die rein griechische Volksanschauung, wie viele Stellen im „Phaidon" beweisen.

[2]) Vgl. meinen Artikel „Straton der Physiker" in der R. E. IV A 303, 7 ff.

[3]) Vgl. Bd. III S. 117.

Denn, da das Wort „Páthos“ auch in der modernen Geschichte der griechischen Philosophie gewöhnlich mit „Affekt“ übersetzt und von einer Affektenlehre griechischer Philosophen gesprochen wird, so muß er wissen, daß der Begriff des griechischen Wortes Pathos viel weiter als der unseres Begriffes Affekt ist. Eine der besten Definitionen des modernen Begriffes „Affekt“ ist die von Nahlowsky[1]). Nach diesem ist der Affekt „die durch einen überraschenden Eindruck bewirkte vorübergehende Verrückung des inneren Gleichgewichts, wodurch auch der Organismus in Mitleidenschaft gezogen und demgemäß die besonnene Überlegung und freie Selbstbestimmung entweder reduziert oder sogar momentan aufgehoben wird“. — Im Griechischen wird dagegen das Wort Pathos, das eigentlich das Leiden, bzw. Erleiden, bedeutet, in einem viel umfassenderen Sinne gebraucht. So auch oft bei Aristoteles und schon bei manchen Vorsokratikern von Vorgängen bzw. Veränderungen von Stoffen oder Substanzen der anorganischen Natur. Wie z. B. im Bereich der Erdbeben oder atmosphärischer Vorgänge; dann in der Medizin von mancherlei Krankheiten. In seelischer Hinsicht bezeichnet das Wort keineswegs nur Gemütserregungen oder gar plötzliche, jähe Gemütserregungen, sondern auch dauernde Gemütszustände oder Gefühle (für die das Griechische kein eindeutiges Wort hat). So wird zu den „Pathe“ von Chrysipp z. B. auch die λύπη (Kummer, Gram oder Trauer) gerechnet, aber auch das Mitleid (ἔλεος oder οἶκτος), ferner die Furcht (nicht nur der Schreck), aber auch die Begierde (ἐπιθυμία), daher auch der Eros wie überhaupt jede Leidenschaft.

Von Hause aus sind ja diese irrationalen Triebe und Regungen der Seele, wenn sie der Logos nicht beugt und gefügig macht, gar wilde und ungestüme Mächte und oft kaum zu bändigen, wie das schon Platon auf Grund eigener innerster Erfahrungen zum überwälti-

---

[1]) In seinem Buch „Das Gefühlsleben“ S. 247, 2. Aufl. 1884. Ich verdanke dessen Kenntnis Eislers großem Wörterbuch der philosophischen Begriffe.

genden Erlebnis geworden ist. Jedem Leser des „Phaidros" haftet das grandiose Seelengleichnis für immer im Gedächtnis, wo der Wagenlenker Vernunft (νοῦς) bei seiner Fahrt über den „überhimmlischen Ort" nur mit größter Mühe die schäumenden Rosse „Mut" und „Begehren" zu meistern vermag[1]), indem er schließlich mit Hilfe des nun willigen „Mutes" das unbändige „Begehren" unterwirft.

Wir dürfen sicher sein, daß Panaitios, der Platon aufs höchste verehrt hat, weil dessen Werke tiefsten Eindruck auf ihn gemacht haben, das fundamentale Problem der Vereinigung von reiner Vernunft und völlig vernunftlosen oder gar widervernünftigen Trieben und Erregungszuständen ein und derselben Seele in seiner ganzen Tiefe und Tragik gewürdigt hat. Er hat daher gewiß schon früh zu dem Dogma des Chrysipp, der infolge seiner radikalen Rationalisierung der irrationalen Kräfte und Bewegungen der Seele sogar die völlige Ausrottung aller „Pathe" des Menschen gefordert hatte, so daß er die radikale „Apathie" des Weisen proklamierte und sogar jede Art von Mitleid als vernunftwidrig verwarf[2]), in stärkstem Gegensatz gestanden. Ja, man darf bei Panaitios geradezu von einer Rechtfertigung der menschlichen „Pathe" (im antiken Sinne des Wortes) sprechen, wenn auch mit einer gewissen Einschränkung. Denn diese sind nicht nur von dem Logos an sich, d. h. von Hause aus völlig unabhängig; sie können und sollen auch gar nicht von diesem ausgerottet, sondern nur von ihm gebändigt und unterworfen werden. Dann aber können selbst diese irrationalen Mächte der Seele förderlich werden. Ein Beispiel aus der neueren Geschichte mag diesen Satz erläutern.

Es kann z. B. der Zorn, d. h. der heilige Zorn, der der Ausfluß schwerster sittlicher Entrüstung ist, vom Logos gelenkt, zu einer positiven segensreichen

[1]) Mut ist eine unzureichende Übersetzung des griechischen Thymos, der zugleich den Willen einschließt.

[2]) Ein Dogma, das sogar noch von einem so ehrwürdigen Vertreter der späten Stoa wie Epiktet durchaus anerkannt wird.

Kraft werden, wie dies Preußen an den führenden Geistern von 1813 erlebt hat[1]).

Die Folge einer solchen Bändigung der „Pathe" durch den Logos, d. h. durch lange, niemals nachlassende, Selbsterziehung des ernsten Menschen wird eine wirkliche „Harmonie" seiner Seele sein, wenn auch Panaitios das schöne epikureische Bild von der „γαλήνη" der Seele hier vermeidet. Ein solches Ziel zu erreichen, steht aber durchaus in des Menschen Hand. Nur von ihm selber hängt es ab, ob er die „Eudaimonia" erlangt oder nicht. Denn auch für Panaitios, wie schon für Platon und Aristoteles ist die Willensfreiheit des Menschen ein unanfechtbares Axiom, das übrigens noch bis tief in das erste und zweite Jahrhundert nach Christus hinein seine Gültigkeit behält und für die Ethik eines Epiktet die absolute Grundlage bildet. Kann doch selbst Zeus die Willensentscheidung, d. h. die προαίρεσις des Menschen nicht beugen. Denn er hat ja selber dem Menschen diese Souveränität verliehen.

So führt uns Panaitios' Lehre von den „Pathe" ganz organisch zu dessen Ethik. Denn diese Harmonie des Menschen muß ja die Grundlage seiner Eudaimonia werden; nur dadurch, daß er „immer strebend sich bemüht", kann und wird es ihm gelingen, diese zu seinem festen, durch nichts auf der Welt zu erschütternden Besitz zu machen. Wie ja noch in der dritten Römerode des Horaz dieser Zug der Constantia des Charakters in den Worten „Iustum et tenacem propositi virum" und „non mente quatit solida" dem Kenner der Stoa, d. h. gerade des Panaitios, durchschimmert.

Das Wundervolle an der Ethik des Panaitios gegenüber der alten Stoa, zumal ihres zweiten Gründers Chrysipp, ist aber die Tatsache, daß der reine Hellene Panaitios im Gegensatz zu dem „Semiten" Chrysipp des Lebens Wirklichkeiten gegenüber eine wahrhaft erfrischende Unbefangenheit und einen köstlichen common sense bekundet, wie er denn, wie Pohlenz einmal sagt, „ein reiner Diesseitsmensch" ist, wenn man

[1]) Die Namen Gneisenau, Blücher, Stein, Arndt und Fichte sagen genug. — Übrigens gibt es schon nach Aristoteles (Eth. Nik. IV 11) unter gewissen Voraussetzungen auch einen lobenswerten Zorn.

auch hinzufügen darf: mit einer gewissen Einschränkung (davon nachher). Wenn die alte Stoa hierin dem alten Kynismus, zumal Diogenes, folgend, gelehrt hatte, die Tugend sei „autark" zum glückseligen Leben, d. h. sie könnte allein durch sich selber die Eudaimonia erreichen, so verwarf Panaitios wie schon Aristoteles und Theophrast diesen Satz angesichts aller anderen Güter des wirklichen Lebens. Er betont mit Nachdruck, daß Gesundheit, Kraft und Wohlstand (χορηγία) und sonstige günstige Lebensumstände durchaus keine „ἀδιάφορα"[1]) seien.

P. faßt auch die Stellung des Menschen gegenüber den vielen übernatürlichen Mächten der alten Stoa, mit seinem urgesunden Blick grundsätzlich, ja geradezu grundstürzend anders auf. So verwirft er den stoischen Fatalismus, die Lehre von der Heimarméne, dem unentrinnbaren Verhängnis, vollkommen. Eine solche unentrinnbare, vom Willen des Menschen völlig unabhängige unübersehbare Ursachenverkettung gibt es überhaupt nicht. Schon dadurch ist für Panaitios die ganze Astrologie, die schon Chrysippos akzeptiert hatte, vollständig überwunden. Von überragender Bedeutung, auch für seine Ethik, ist seine Anschauung von der Stellung des Menschen im Kosmos. Wenn diese auch zweifellos durch die Grunderkenntnisse des Aristoteles stark beeinflußt ist[2]), so enthält sie doch eine Reihe von diesem unabhängiger Gedanken. Zweierlei ist hier vor allem von Bedeutung: das Verhältnis des Menschen zur Allvernunft, die den ganzen Kosmos in all seinen Bereichen und Erscheinungsformen durchwaltet und gestaltet, und seine Stellung gegenüber allen andern Lebewesen. Durch die ihm eingeborene Vernunft ist der Mensch auf das engste verwandt mit der Allvernunft, die mit der Gottheit identisch ist. Ja, im Grunde ist dieser ihr sogar wesensgleich, wenn auch nicht unsterblich. Dank dieser innigen Verwandtschaft ist der Mensch — und er allein von allen lebendigen Wesen — befähigt zur Erkentnis der Gottheit. Dank dieser Erkenntnis wird ihm auch seine höhere Bestimmung, sein wahres „Telos"

---

[1]) Dinge, auf die überhaupt nichts ankommt.
[2]) Vgl. oben den Abschnitt über das Weltbild des Aristoteles.

klar: der Gottheit in ihrem Wesen möglichst ähnlich zu werden und sie in seiner ganzen Lebensführung als Vorbild vor Augen zu haben. Das Wesen der Gottheit ist aber vom Menschen dank seiner Vernunft nur aus ihren Werken erkennbar, die eine überwältigende Ordnung, Harmonie und Schönheit offenbaren. Um solche Harmonie in der eigenen Seele zu erlangen, muß der Mensch vor allem die irrationalen Mächte in dieser durch den Logos bändigen und sich unterwerfen und seine Herrschaft mit unerschütterlicher Beharrlichkeit (constantia) gegenüber allen inneren und äußeren Anfechtungen behaupten. Und so versteht Panaitios das Telos Zenons, d. h. dessen „Homologie" vielmehr als die unerschütterliche, in der eigenen Seele völlig ausgeglichene, konstante Einheit der Lebensführung.

Den anderen Lebewesen aber ist der Mensch durch seine Vernunftbegabung unendlich überlegen, nicht etwa, daß diese alle nur um des Menschen willen da wären — denn eine „anthropozentrische" Auffassung lehnt Panaitios trotz Aristoteles und der alten Stoa durchaus ab —, aber der Mensch hat doch ihnen gegenüber trotz körperlicher Inferioritäten dank seiner Vernunft eine so überragende Stellung, daß er sie entweder, falls ihm feindlich, unterwirft, oder aber zähmt und sich nutzbar macht. — Es gibt aber noch ganz andere bedeutsame Vorzüge des Menschen, die erst Panaitios ins Licht gestellt hat: der Mensch unterscheidet sich von den Tieren durch den Sinn für Ordnung, Harmonie[1]) und Schönheit, und in engstem Zusammenhang hiermit durch den ihm eingeborenen künstlerischen Trieb, und, dank seiner Hand, die Fähigkeit zu dessen Betätigung.

Der Mensch unterscheidet sich aber vom Tier wie überhaupt von allen anderen Lebewesen auch durch die Erkenntnis und Unterscheidung von Werten, je nachdem die Dinge oder Vorgänge für ihn nützlich oder schädlich oder gleichgültig sind (die griechische Philosophie hat schon lange vor Panaitios eine Wertelehre [Axiologie] entwickelt). Freilich der Satz, daß das Sittliche das einzige wahrhafte Gut sei, stand seit Sokra-

[1]) Das Wort Harmonie sowohl in musikalischem wie in rein geistigem Sinne.

tes und Platon völlig fest und daher natürlich auch für Panaitios. Aber er gestand doch, wie wir schon sahen (S. 58), gewissen Dingen einen nicht unerheblichen Wert zu. Gegenüber der Auffassung von gegnerischer Seite stellte er aber mit Nachdruck fest, daß das absolute Gute, d. h. das sittlich Gute, nie ernsthaft mit dem für den leiblichen Menschen nur Nützlichen oder Vorteilhaften im Streit liegen könnte, weil das absolute Gute mit dem absolut Nützlichen stets identisch sei. —

Was die Lehren der Hedoniker vom Wert der Lust und Unlust und deren Unwert, d. h. dem Übel des Schmerzes, betrifft, so unterscheidet Panaitios scharf zwischen natürlichen und naturwidrigen Lüsten. Und was den (physischen oder psychischen) Schmerz betrifft, so hat ihn Panaitios sicher ebenso wie Poseidonios, der dies sogar durch die Tat bewies[1]), niemals als wirkliches Übel anerkannt und sicher nur als Mittel oder Anlaß betrachtet, seine sittliche Überlegenheit dank der „Andreía" oder „Karteria" zu beweisen.

Panaitios unterscheidet vier geistig-seelische Grundtriebe des Menschen: den Erkenntnistrieb, den Gemeinschaftstrieb, den Trieb, Größeres als alle anderen leisten zu wollen, und den Drang nach Verwirklichung seines (noch unbewußten) Ideals der Homologie, d. h. nach seiner eigenen seelischen Harmonie. Aus diesen Urtrieben entwickeln sich dann oder können sich doch entwickeln die vier Kardinaltugenden, die Panaitios mit Platon, Aristoteles und der alten Stoa, wenn auch zum Teil mit einschneidenden Änderungen der Begriffe, unterscheidet. Zunächst die „Sophía" als höchste Erkenntnis des Philosophen von den letzten Ursachen, gegenüber der „Phrónesis", der Einsicht des „Kalóskagathós" gegenüber allen Vorgängen und Anforderungen des realen Lebens, die Tapferkeit (Andreía), die im platonischen Sinne nicht nur als die des Kriegers, sondern überhaupt als sittliche Tapferkeit gegenüber allen Widerständen des inneren und äußeren Lebens zu verstehen ist, dann aber die vielberufene „Sophrosýne". Das Wort ist trotzdem schwer übersetzbar; sicher be-

---

[1]) In heroischer Bekämpfung eines schweren Gichtanfalles in Gegenwart des Pompeius.

deutet es gerade in der griechischen Ethik oft die „Selbstzucht“, die genauer durch das Wort „Enkráteia“ bezeichnet wird (die Fähigkeit, daß man sich gegenüber allen Trieben, Affekten und Leidenschaften „in der Gewalt“ hat). Aber der Begriff der Sophrosyne umfaßt noch mehr als Selbstzucht; er enthält überhaupt die Fähigkeit, „Maß zu halten“ in allen Lebenslagen, so daß man „Sophrosyne“ am besten wohl durch „Besonnenheit“ übersetzt. Endlich die Gerechtigkeit (Dikaiosýne), die Panaitios natürlich als soziale Tugend, also durchaus anders als Platon[1]), auffaßt. Alle vier Tugenden stehen aber im Verhältnis der „Antakolothie“ zueinander, d. h. sie hängen unlöslich miteinander zusammen, bilden also im Grunde eine Einheit, die Areté, die sich nur gegenüber verschiedenen Lebensbereichen und Lebenslagen verschieden offenbart. — Als für Panaitios charakteristisch erscheint mir als Kriterium der Tugend überhaupt ein Merkmal, das wichtiger ist als alle altstoischen oder altsophistischen Definitionen dieser: nämlich nicht die begriffliche Erfassung oder die angebliche Lehrbarkeit der Tugend ist die Hauptsache, sondern ihre Verwirklichung durch die Tat im eigenen Leben selbst, die letzten Endes auf dem eingeborenen Ethos des Menschen, bzw. auf einer ganz bestimmten „Hexis“, der Naturveranlagung des Menschen, beruht, die freilich durch bewußte Selbsterziehung und Übung noch veredelt werden kann. Der Satz Ciceros[2]) „virtutis enim laus omnis in actione consistit“[3]) offenbart eine Anschauung, die nicht erst Cicero, sondern schon Panaitios selber gefaßt und formuliert hat. Denn sie entspricht durchaus seinem eigenen innersten Wesen, das von Hause aus nicht so sehr auf die Wissenschaft und ihre Probleme als vielmehr auf Betätigung in der großen Welt, d. h. im politischen Leben gerichtet war.

[1]) Der bekanntlich dabei die Beziehung zu den Mitmenschen ganz außer acht gelassen hat. Vgl. darüber oben Bd. II S. 101 und Pohlenz, Aus Platons Werdezeit, 230 ff.

[2]) De off. I 19, vgl. auch I 17 und 153 f.

[3]) „Aller Ruhm der Tugend beruht auf ihrer Verwirklichung“ — diese Anschauung des P. teilt im Grunde noch Kaiser Marc Aurel: „Nur eine Frucht des Erdenlebens hat Wert, eine fromme Gesinnung und gemeinnützige Taten.“

## Die Pflichtenlehre

Vier Titel von Schriften des Panaitios sind uns überliefert: Die Schrift περὶ Αἱρέσεων die von den zehn verschiedenen griechischen Philosophenschulen, ihrer Geschichte und ihren Hauptlehren handelte, ein Werk, zu dem er notorisch eingehende historisch-philologische Vorstudien gemacht hat. Die von der „Vorsehung", die unzweifelhaft den Aufbau des Kosmos und die ihn durchwaltende Regierung der Allvernunft (des Logos) darstellte, die Schrift von der Euthymia: „Von der Wohlgemutheit"[1]), und die Schrift „Peri Kathékontos", „Von den Pflichten", die Cicero den ersten zwei Büchern seines Werkes de officiis zugrunde gelegt hat. Diese Schrift, offenbar das Kernstück seiner ganzen Philosophie, war ganz der Ethik gewidmet, und hier vor allem den Pflichten des Menschen gegenüber der Gottheit, gegenüber sich selber und gegenüber der menschlichen Gemeinschaft. Hier ist zunächst wichtig und für Panaitios charakteristisch seine Unterscheidung der zwei Naturen des Menschen: seiner allgemein menschlichen, d. h. der allen Menschen gemeinsamen, und der individuellen Natur jedes einzelnen Menschen, d. h. die durch dessen Herkunft, die ihm angeborenen persönlichen Anlagen, seinen ihm eigentümlichen Charakter, das Milieu seiner Umwelt, seinen Beruf u. a. m. bestimmt ist. Diese grundsätzliche Unterscheidung der zwei Naturen des Menschen und die eingehende Würdigung der individuellen Natur jedes einzelnen bedeutet in der Kunde vom Menschen, d. h. vom geistig-seelischen Menschen, einen sehr bedeutenden Fortschritt des griechischen Denkens in psychologischer und in ethischer Hinsicht. Denn, wie Pohlenz gezeigt hat, hat Panaitios hierdurch zum ersten Mal der Erkenntnis der Individualität des einzelnen Menschen nachdrücklich zu ihrem Recht verholfen. Er hat hierbei auch erkannt und ausgeführt, wie jedes Individuum aus seiner innersten Eigentümlichkeit, wie aus einer Urwurzel entsprossen, all seine Lebensäußerungen, Gedanken, Taten, ja selbst seine

---

[1]) Vgl. unten S. 73.

physischen Gebärden, seine körperlichen Bewegungen, seinen wechselnden Gesichtsausdruck und nicht zuletzt seine Sprechweise in ihrer Besonderheit offenbart. Aus dieser Unterscheidung der zwei Naturen ergeben sich auch zwei Bereiche der menschlichen Pflichten, einmal die allen gemeinsamen und andererseits die jedem einzelnen Menschen infolge seiner ganz individuellen Physis und seines persönlichen Werdeganges obliegenden Pflichten und Aufgaben. Wenn Goethe, ohne von Panaitios zu wissen (denn dieser war damals noch nicht entdeckt), einmal gesagt hat: „Wir können dem Vaterlande nicht auf gleiche Weise dienen, sondern jeder tut sein Bestes, je nachdem Gott es ihm gegeben", so hat er auf seine Weise einen Grundgedanken des Panaitios ausgedrückt. Aus dieser Entdeckung der individuellen Natur jedes einzelnen durch Panaitios ergibt sich auch eine durchaus verschiedene Wertung der einzelnen Menschen, denn deren angeborene Naturanlagen, das, was wir im Deutschen durch das Wort „Begabung" ausdrücken, und die Entfaltung dieser Naturanlagen dank Belehrung, Übung, d. h. bewußte Betätigung und Weiterbildung oder auch nicht, sie sind nicht nur durchaus verschieden, sondern auch ganz verschiedenwertig.

Es ist ein zweites Verdienst des Panaitios, in bewußter Ablehnung des altstoischen Weisenideals als einer völlig abstrakten, weltfremden Konstruktion, die Natur einer hochbegabten und dank eigenem Streben zu größtmöglicher Vollendung gekommenen Persönlichkeit, auf Grund keineswegs nur theoretischer Überlegungen, sondern auf Grund einer einzigartigen, ganz konkreten Empirie in ihrem innersten Wesen und ihrer ethischen und zugleich politischen Bedeutung erkannt, in hohem Maße gewürdigt und in klassischer Form gezeichnet zu haben. Das Wesen einer singulären Gestalt der historischen selbsterlebten Wirklichkeit, das Wesen der „geschlossenen, harmonischen, durchaus konstanten Persönlichkeit", wie es sich ihm in einer echten Führernatur wie Scipio offenbart hatte. Das war wirklich etwas anderes als die schemenhafte Figur des altstoischen Weisen, den niemals jemand auf Erden gesehen hatte.

Von den besonderen Eigenschaften der Führernatur hebt Panaitios vor allem deren „Megalopsychía“ (Seelengröße) hervor, deren Wesen schon Aristoteles in der Nikomachischen Ethik[1]) in ethischer und soziologischer Hinsicht näher untersucht hat. Sein Ergebnis ist dabei, daß man ohne „Kalogathía“ nicht „megalópsychos“ sein kann, denn nur wer die Areté besitzt, ist auch megalópsychos. Jedenfalls ist diese Tugend hiernach eine Grundgesinnung hochstrebender Naturen, die sich selber hohe Ziele gesteckt haben und sich daher hoher Ehren wert erachten. Zu solcher Gesinnung können nach Aristoteles auch glückliche äußere Umstände wie vornehme Herkunft, Macht und Reichtum beitragen[2]). Wir dürfen mit Sicherheit annehmen, daß Panaitios die Nikomachische Ethik genau gekannt hat. Und ebenso sicher ist es, daß er im Sinne des Aristoteles diese Seelengröße in Scipio verkörpert fand und als einen wesentlichen Grundzug der wahren Führernatur statuiert hat. Er war sich dabei aber auch der Gefahren bewußt, denen eine solche Natur ausgesetzt ist, wenn sie nicht die Grenzen ihres Könnens und Wollens in der Bedingtheit und Begrenztheit aller Menschennatur empfindet. Denn auch für das Genie muß das für jeden Menschen verbindliche Vernunftgesetz und somit wahre „Sophrosyne“ maßgebend bleiben. Wir sehen, das Phantom des Übermenschen, von dem schon einzelne Sophisten zur Zeit Platons phantasiert hatten, hat dem gesunden Sinn eines Panaitios vollständig ferngelegen.

Es liegt auf der Hand, daß solcher Hochsinn niemals Tugend von Alltagsmenschen, sondern nur weniger auserwählter, ja singulärer Persönlichkeiten sein kann. Aber das entspricht durchaus der Anschauung des Aristokraten Panaitios.

Zu den Pflichten des Individuums, die sich aus seiner allgemein menschlichen Natur ergeben, gehört in erster Linie die Entwicklung der Grundtugenden und die aus

---

[1]) IV 7—9.

[2]) Das Wort „Megalopsychía“ im Sinne des Aristoteles dürfte unseres Erachtens wohl auf eine Persönlichkeit wie Alexander den Großen (cum grano salis) passen.

dieser sich von selbst ergebende Harmonie der ganzen Persönlichkeit, aber auch der gesamte Bereich ihres auch äußerlich sichtbaren Benehmens: in all ihren körperlichen Bewegungen, ihrer Stimme, ihrem Gesichtsausdruck und so manchen Äußerlichkeiten in Tracht, Gang und Handbewegungen, die insgesamt nur der Ausdruck von innerer Harmonie und seelischer Schönheit sind, das, was Panaitios als das „Geziemende" (πρέπον), Cicero danach als das decorum bezeichnet. In summa: ein stets gesittetes anmutiges Benehmen, das auch auf die Mitmenschen nicht nur ethisch, sondern auch ästhetisch wohltuend wirkt und, soweit die innere Rücksicht auf die Gefühle der anderen in Betracht kommt, im Griechischen wohl am besten als Aidós (ehrfürchtige Scheu), von uns als „Taktgefühl" bezeichnet werden würde.

### Sozialethik

Aristoteles hat bekanntlich den Menschen als ein „ζῷον πολιτικόν" bezeichnet, d. h. als ein zur Staatenbildung veranlagtes Wesen, während die Stoa, entsprechend ihrem, die ganze Menschheit umfassenden Blick ihn ein „ζῷον κοινωνικόν", ein zur Gemeinschaft bestimmtes Wesen nennt. Auch nach Panaitios ist ja einer der geistig-seelischen Urtriebe des Menschen der zur Gemeinschaft. Er betont daher nachdrücklich, daß die Menschen alle auf Beistand oder Mithilfe voneinander angewiesen sind. Gerade die Stoa hat die fundamentale Bedeutung der Gemeinschaft für das Leben aller mit besonderem Nachdruck betont, wie denn noch Kaiser Marc Aurel sagt: „Wir Menschen sind zum Zusammenwirken bestimmt wie die Reihen der Zähne oben und unten".

Die Urgemeinschaftsbildung ist aber nächst der Ehe, deren Probleme Panaitios offenbar nicht interessieren, die Familie. Freilich wird auch diese, soweit unsere Quellen ein Urteil gestatten, von ihm nur im Vorbeigehen erwähnt[1]).

---

[1]) Cicero de off. I 58.

Wie anders steht dagegen ein Aristoteles zu dieser, der einmal sagt: „In der Familie sind zuerst die Anfänge und Quellen der Freundschaft und Staatsgemeinschaft und des Rechtes“[1].

Aus dem Bereich des Umgangs einzelner Menschen miteinander kennen wir nur wenige, aber sehr bemerkenswerte Sätze des Panaitios. Offenbar ist nach seiner Ansicht Notwehr durchaus erlaubt und der Beistand gegenüber in Not befindlichen Mitmenschen ist sogar selbstverständliche Pflicht. Aber auch die Rache (zur Vergeltung für erlittenes Unrecht) gilt ihm ohne jedes Bedenken als erlaubt. Doch müssen auch solche Handlungen stets von der Vernunft gelenkt, daher mit Mäßigung und Besonnenheit vollzogen werden. Und Gerechtigkeit im Privatleben gilt auch gegenüber den Sklaven, die man für ihre Arbeit gebührend entlohnen und menschlich behandeln soll.

Den Höhepunkt der Ethik des Panaitios bildet erst seine Lehre vom Staat, die er in einer besonderen Schrift niedergelegt hat, die uns jedoch leider verloren ist, so daß wir auf einzelne Nachrichten durch Cicero und andere, die diese Schrift selber noch gelesen haben, angewiesen sind. Die überaus wichtige Schrift war von Panaitios zweifellos vor allem für Scipio und die Männer seines Kreises bestimmt, nicht etwa, wie man seltsamerweise gemeint hat, für athenische Jünglinge, die die Vorlesungen des Panaitios hörten. So hoch Panaitios — wie wir zuverlässig wissen — auch Platon verehrt hat, so hat er doch dank seinem angeborenen Realismus und seinem gesunden Menschenverstand die Utopie des platonischen Idealstaates und nun gar dessen radikalen Kommunismus a limine abgelehnt. Überhaupt Konstruktionen eines besten Staates liegen seiner durchaus auf die Wirklichkeit gerichteten Natur völlig fern.

Wenn er vom Staat spricht, so meint er den konkreten Staat der historischen Wirklichkeit überhaupt, wie er ihn im Imperium Romanum in seiner ganzen Größe dank seinem langjährigen intimen Verkehr mit Scipio und seinem Kreise in seinem innersten

[1]) Eth Eud VII 10, 1242 b 1 f.

Wesen kennengelernt hat. Er ist daher zu einem ganz anderen Ergebnis als alle seine Vorgänger gekommen, die den Ursprung des Staates aus der Not, d. h. aus der Bedürftigkeit der einzelnen Individuen oder, wie gewisse Sophisten, gar aus einem „contrat social" herleiten wollten. Panaitios hat sich freilich vom Ursprung des Staates eine sehr merkwürdige Ansicht gebildet, die man nur aus den besonderen Verhältnissen seiner eigenen Zeit verstehen kann. Seine Ansicht war nämlich die, daß der Staat in der Urzeit von den Beteiligten gegründet sei, vor allem, um das Eigentum der einzelnen zu sichern. Denn das Eigentum, vor allem der Besitz an Grund und Boden, war im Verlauf der Zeit bei längerem Zusammenwohnen der Menschen zu einer feststehenden, von niemandem bestrittenen Einrichtung geworden. Panaitios lebte aber damals in Rom im Zeitalter der stürmischen gracchischen Revolutionen mit ihren leidenschaftlichen Forderungen einer Aufteilung von Grund und Boden. Aus dieser Tatsache erklärt sich seine eigentümliche Ansicht vom Ursprung des Staates.

Von den drei Grundformen des Staates, der Monarchie, der Oligarchie bzw. Aristokratie und der Demokratie, die schon zur Zeit des Herodot Gegenstand theoretischer Erörterung gewesen waren, hatte schon der greise Platon[1]), angesichts der in jeder der drei schlummernden Gefahren, der aus ihnen gemischten Verfassung seine Sympathie ausgesprochen, aber erst Polybios[2]), mit dem Panaitios im Kreise des Scipio sicher oft ins Gespräch gekommen ist, hat nicht nur der gemischten Verfassung den Vorzug gegeben, sondern diese im römischen Staat verwirklicht gesehen und sie als die beste erwiesen. Diese Auffassung teilt — aus sozialpolitischen Gründen — auch Panaitios. Daß aber die dauernde, d. h. die überzeitliche (nicht die vorübergehende) Hauptaufgabe des Staates die Erziehung der Bewohner zur Sittlichkeit ist, ist bekanntlich schon das Grunddogma Platons, aber auch die Ansicht des Aristoteles, und, wie schon

[1]) In den Gesetzen III 691 a ff. (Vgl. auch VI 756 c).
[2]) Im 6. Buch.

Reitzenstein[1]) erwiesen hat, auch die des Panaitios. — Dann aber interessiert uns besonders seine Ansicht von der Haltung des Führers eines solchen Staates. Der Führergedanke hat in der griechischen Kultur seit den Tagen Homers schon eine lange Vorgeschichte, die hier jedoch nur gestreift werden kann, aber Panaitios wohl bekannt gewesen ist. Daß sich Panaitios in der Gestalt des Führers zugleich das sittliche Ideal der Areté verkörpert gedacht hat, unterliegt keinem Zweifel. Vor allem aber ist wichtig das innere Verhältnis des Führers zu dem Staat, an dessen Spitze er steht. Diesem Führer ist der Dienst am Staat seine einzige, höchste gottgewollte Aufgabe, vor der alle anderen Anforderungen des Lebens zurücktreten müssen.

Panaitios weiß aber auch und hat es öfter nachdrücklich betont, daß selbst die größten Feldherren und Staatsmänner ohne die Mitwirkung ihrer Mitmenschen nichts hätten erreichen können. Es kommt daher auf die innere Verbundenheit und Anhänglichkeit der „Vielen" an ihren Führer entscheidend an. Daher die tiefe psychologische Einsicht des Panaitios, daß zu solcher Anhänglichkeit dreierlei erforderlich ist: daß der Führer von allen geachtet wird, daß man ihm Vertrauen schenkt und daß er geliebt wird[2]). Denn nicht Furcht, sondern Liebe muß das Urmotiv aller Gefolgschaft sein[3]). Und die Achtung vor ihm muß so weit gehen, daß er infolge seiner Taten und seiner überlegenen Einsicht von allen bewundert wird, weil es die Menschen fühlen, daß dieser Mann ihnen allen an Einsicht und hohen Zielen seines Geistes weit überlegen ist[4]).

Vor allem aber muß der Führer gerecht sein gegenüber jedermann, auch gegen den Sklaven, und voll Wohlwollen gegen jeden einzelnen, so daß das Vertrauen zu ihm als Helfer in der Not unbegrenzt ist. In summa: er muß in seinem ganzen Wesen das Ideal „der geschlossenen sittlichen Persönlichkeit" verkör-

---

[1]) Die Idee des Prinzipats. NGGW 1917 S. 408 ff.

[2]) Dies letztere ist ein ganz neues Moment in der Geschichte der griechischen Ethik.

[3]) Dieser gewaltige, in seinem Wert völlig überzeitliche Satz wird hier zum ersten Male in der Geschichte der Menschheit verkündet.

[4]) So war es in Preußen unter König Friedrich dem Großen.

pern, in seiner äußeren Haltung wie in seiner innersten zielbewußten Grundgesinnung. Seine persönliche Lebensführung muß daher in jeder Hinsicht untadelig sein; insbesondere wird er stets vollkommen uneigennützig und unparteiisch handeln, ohne jemals an eigenen Vorteil zu denken. Dem Volk aber muß es durch den Führer klar werden, daß das Wohl und Wehe jedes einzelnen von ihnen unlöslich mit dem Wohl und Wehe des Ganzen, d. h. des Vaterlandes verbunden ist. Und daß daher sein Heil allein von dem Führer abhängt, dessen Trachten und Walten ständig dem Wohl des Ganzen geweiht ist.

Panaitios hat aber auch die Möglichkeit ins Auge gefaßt, daß der Führer zugleich ein Jünger der reinen Wissenschaft sein könnte und sich daher am liebsten nur dieser widmen würde. Eine bekannte Stelle aus Cicero *de off.* mag dies veranschaulichen: „Wer ist wohl auf die Erforschung und Ergründung der Natur der Dinge in solchem Grade erpicht, daß er — wenn ihm bei seiner Behandlung und Betrachtung der erkenntniswürdigsten Dinge plötzlich die Nachricht von höchster Gefahr des Vaterlandes gebracht wird, dem er helfen und beistehen müßte — da nicht all jene Fragen und Untersuchungen alsbald weit hinter sich läßt, auch wenn er glaubt, die Zahlen der Sterne berechnen oder die Größe des Erdballes messen zu können?" — Das ist nachweislich ganz im Geiste des Panaitios gesprochen. Es ist aber auch ganz im Geiste Platons gesprochen, wie eine berühmte Stelle aus dessen Staat zeigt[1])

Panaitios scheint in seiner Schrift „Vom Staat" auch schon Gedanken zum *Völker-*, genauer zum *Kriegsrecht* ausgesprochen zu haben. Dies erscheint um so glaublicher, wenn man bedenkt, was Panaitios selber an Kriegsgreueln zu seiner Zeit erlebt hat. Ist er doch bei der Belagerung und Zerstörung Karthagos persönlich zugegen gewesen. Und daß er von den Greueln römischer Generale während des Numantinischen Krieges und überhaupt in den römischen Kriegen vor dem Jahre 133 gehört hat, darf man als sicher

[1]) Vgl. oben Bd. II S. 117.

annehmen. Mehrere seiner bei Cicero erhaltenen Äußerungen klingen so, als ob er dadurch die römischen Optimaten, d. h. Scipio und seinen Kreis, leise habe mahnen wollen, auch das Kriegsrecht im Sinne der „Gerechtigkeit" oder vielmehr der Menschlichkeit bewußt zu mildern. Wir hören nämlich bei Cicero[1]): „Im Staatsleben sind vor allem die Kriegsrechte zu beachten. Es gibt nämlich zwei Arten des Krieges: die eine auf dem Wege der Verhandlung, die andere auf dem der Gewalt. Die erstere ist dem Menschen eigentümlich, die andere wilden Tieren. Diese darf man nur dann anwenden, wenn es keine Möglichkeit gibt, die erstere zu wählen. Daher sollen Kriege nur zu dem Zweck unternommen werden, daß man im Frieden leben kann, ohne Unrecht zu erleiden (gemeint ist also der Verteidigungskrieg). Wenn aber der Sieg errungen ist, dann sind diejenigen Feinde zu schonen, die sich im Kriege nicht grausam, nicht wie wilde Tiere benommen haben.... Ich halte dafür, daß man stets nach einem Friedensvertrag streben muß, der keinerlei Tücken in sich birgt. — Auch für diejenigen, die man durch Gewalt niedergeworfen hat, muß man sorgen. Und insbesondere sind diejenigen, die sich erst nach Niederlegung der Waffen dem Schutz des feindlichen Feldherrn anvertraut haben, wenn auch schon die Sturmböcke die Mauern erschüttert haben, zu schonen[2])."

Und in Ciceros Werk „Vom Staat"[3]) heißt es, offenbar nach Panaitios: „Es gibt vier Arten von Kriegen, den gerechten, den ungerechten, den bürgerlichen und mehr als bürgerlichen. Gerecht ist der Krieg, der nach vorheriger Ankündigung wegen Erstattung gewisser Schäden oder zur Abwehr der Feinde unternommen wird. Ungerecht dagegen ist der Krieg, der aus wilder Leidenschaft und nicht aus guten Gründen begonnen wird. Ungerecht sind überhaupt die Kriege, die ohne ausreichenden Grund unternommen werden. Denn außer dem Rachekrieg und dem Verteidigungskrieg gibt es keinen gerechten Krieg. Kein Krieg kann daher für

[1]) De off. I 34 f.
[2]) Das sind goldene Worte für alle Zeit.
[3]) De rep. III 35.

gerecht gelten, wenn er nicht vorher angedroht und feierlich erklärt oder nicht Genugtuung für erlittenen Schaden gefordert ist."

Es ist sehr zu bedauern, daß wir infolge des Verlustes von Panaitios' Staatsschrift nur diese Rudimente von Kriegs- und Völkerrecht im Sinne des Panaitios besitzen. Um so erfreulicher ist es, daß wir mit völliger Sicherheit eine höchst bedeutsame theoretische Rechtfertigung des römischen Imperialismus durch Panaitios rekonstruieren können, wobei dieser aristotelische Grundgedanken über die Berechtigung der Sklaverei verwertet[1]).

Im Gegensatz zu dem großen Skeptiker Karneades erklärt nämlich Panaitios den römischen Imperialismus mit der Gerechtigkeit für durchaus vereinbar. Ein solches Imperium ist deshalb gerecht, weil es zum Nutzen der Untertanen ist. Es ist also ihre Unterwerfung zu ihrem Besten, zumal dadurch den Schlechten die Möglichkeit zur Gewalttätigkeit und Ausbeutung der Schwächeren genommen wird. An Stelle der Anarchie, des Kampfes aller gegen alle, ewiger Fehden einzelner Völkergruppen gegeneinander, treten so Friede und Ordnung, überhaupt die Herrschaft des Gesetzes. Und auch diese Herrschaft von Menschen über Menschen, wie sie das Imperium Romanum bedeutet, beruht auf einem Weltgesetz; sie ist daher gottgewollt. Denn sie beruht nicht etwa auf dem Recht des Stärkeren, sondern auf dem des Besseren. Natürlich ist eine solche Herrschaft nur gerechtfertigt, wenn es sich bei den Beherrschten um Individuen oder Völker handelt, die sich nicht selber beherrschen und dementsprechend vernünftig handeln können. Und nicht vom Geist des Despoten, sondern von wahrhaft väterlichem Geist muß die Herrschaft des regierenden Volkes getragen sein. Ihr Endziel muß immer die wahre Wohlfahrt der Untertanen bleiben.

Diese Auffassung des Panaitios hat sein großer Nachfolger Poseidonios durchaus geteilt und sie auf Grund der Fülle seines historischen und geographischen Wissens

---

[1]) Vgl. des Verf. Untersuchung „Griechische Ethik und römischer Imperialismus" in der „Klio", 1932 S. 86 ff.

an einzelnen konkreten Fällen als zutreffend erwiesen. Wie dem Polybios und Panaitios ist auch dem Poseidonios die Erkenntnis von der inneren Berufung des römischen Volkes zur Weltherrschaft zu einer Grundüberzeugung geworden. Diese Berufung — auch hierin sind Panaitios und Poseidonios durchaus einig — barg aber eine dauernde sittliche Verpflichtung Roms den unterworfenen Völkern gegenüber in sich. So wird der römische Imperialismus zu einer welthistorischen Aufgabe des Herrenvolkes, die Untertanen allmählich zu wahrer Kultur, zur echten Sittlichkeit und Humanität zu erziehen, einer Aufgabe, um deren Erfüllung von den edelsten Männern Roms immer wieder gerungen werden muß. So wird der römische Imperialismus durch die mittlere Stoa sittlich gerechtfertigt.

Diese Gedanken, die zuerst durch Panaitios im Kreise des jüngeren Scipio auf fruchtbaren Boden fallen, werden dann durch Cicero und andere in die folgenden Jahrhunderte, zu den großen christlichen Kirchenvätern (Lactanz und Augustin) und dadurch bis tief ins christliche Mittelalter getragen.

Ein integrierender Bestandteil des griechischen wie des römischen Staates ist die Religion. Auch diese mußte daher in Panaitios' Staat berücksichtigt werden. Er unterscheidet dabei drei Klassen von Göttern: die mythische der Dichter, die bürgerliche im Staatskult und die „physische“. Die mythische ist schon deshalb zu verwerfen, weil sie den Göttern vielfach Unwürdiges und Unsittliches andichtet. Und ebenso ist jede allegorische Deutung dieser Göttergestalten durchaus abzulehnen. Die bürgerliche dagegen ist im Interesse des Staates wie des Volkes unentbehrlich, zumal sie den römischen Staat groß gemacht hat. Die „physische“ aber, d. h. die philosophische — gemeint ist die stoische —, die in Wahrheit nur eine einzige, das ganze All erfüllende und durchwaltende Gottheit anerkennt und die einzelnen großen Volksgottheiten der Griechen und Römer nur als Teilkräfte der einen göttlichen Allvernunft auffassen kann, diese ist für das Volk schon deshalb ungeeignet, weil sie über dessen Horizont weit hinausgeht und es nur beunruhigen und verwirren würde; daher ist sie auch für den Staat nicht brauchbar. Sie kann nur das geistige Eigentum einzelner wirklicher Denker sein. — —

Im übrigen spielt die Religion im Staat des Panaitios, der selber durchaus Rationalist ist, kaum eine erhebliche Rolle, und für ihn selber schon deshalb nicht, weil nach seiner durch Karneades' Polemik gegen die altstoische Theodizee stark beeinflußten Auffassung die Vorsehung sich überhaupt nicht um das Wohl und Wehe einzelner Individuen kümmert, sondern nur auf Erhaltung des Weltganzen bedacht ist. In der „Religion" eines Panaitios ist daher auch für das Gebet (diese Urform aller Religion) kein Platz.

In der von uns geschilderten Welt- und Lebensanschauung des Panaitios fehlt noch ein für ihn höchst charakteristisches Element. Es muß daher zum Schluß noch ein Wort über seine Schrift „Von der Euthymie" (der Wohlgemutheit) gesagt werden. Es kann kein Zweifel sein, daß Panaitios diesen Titel nach dem Vorgang des Demokrit gewählt hat. Aber der Inhalt dieses Begriffes, insbesondere die Ursachen der Euthymie sind natürlich völlig andere als bei dem großen Atomisten. Denn die Euthymie im Sinne des Panaitios beruht nach Pohlenz' und anderer Forschungen „auf dem Bewußtsein eines der eigenen individuellen Natur gemäß durchgeführten und von Erfolg gekrönten Lebens, in dem sich der Mensch als sittliche Persönlichkeit aktiv zum Wohle der Mitmenschen betätigt und zugleich unbefangen die Güter des Lebens genießt"[1]) und zugleich in dem Bewußtsein, daß dem Menschen kein Schicksalsschlag seinen Charakter, d. h. seine Grundgesinnung und seine Ideale wie überhaupt seinen ganzen „geistigen Lebensinhalt"[2]) rauben kann. Die Fülle der Seelengründe der Euthymie eines Panaitios ist aber hiermit durchaus nicht erschöpft. Zu diesen gehört vor allem die Freude an allen Schönheiten

[1]) Pohlenz, Die Stoa I 206.

[2]) Um hier einen treffenden Ausdruck Euckens zu gebrauchen, den dieser im Hinblick auf geistige Strömungen seiner eigenen Zeit gebraucht hat, in seiner berühmten Schrift „Der Kampf um einen geistigen Lebensinhalt" (1896, 5. Aufl. 1924).

dieser Welt, d. h. an allem Schönen, Großen und Wahren in Natur und Geschichte. Und drittens das Bewußtsein täglich erfolgreichen Wirkens und Schaffens. Goethes unsterbliches Wort „Die Tätigkeit ist's, die den Menschen glücklich macht" entspricht ganz dem Grundcharakter des Panaitios.

## Epilog

Vor allem durch Pohlenz' Werk und seine in diesem verarbeiteten Untersuchungen ist unsere Erkenntnis der Persönlichkeit des Panaitios und seiner historischen Bedeutung in epochemachender Weise vertieft und bereichert worden. Seine Hauptergebnisse seien daher in einigen Sätzen kritisch zusammengefaßt wie auch hier und da ergänzt.

Von geradezu weltgeschichtlicher Bedeutung ist zunächst die durch Panaitios bewirkte völlige Hellenisierung der Stoa. (Durch Ausscheidung aller orientalischen Elemente.) Seine zweite große historische Wirkung aber ist diese: Die Stoa wird durch Panaitios die führende Philosophenschule in der ganzen hellenistisch-römischen Welt ⟨dieser Satz bedarf vielleicht einer gewissen Einschränkung⟩. Das dritte Moment aber von wirklich weltgeschichtlicher Bedeutung ist die Einwirkung des Panaitios auf Rom als Welt- und Kulturmacht, d. h. genauer, seine tiefgreifende Wirkung auf die höchsten aristokratischen Kreise Roms. Und gerade hier ist infolge seines langjährigen intimen Verkehrs mit Scipio und seinem Kreise die Wirkung seines sittlichen Ideales von außerordentlicher, kaum zu überschätzender Wirkung gewesen. Tiefer und größer aber als seine Wirkung durch Lehre und Schrift ist der Einfluß, den Panaitios in jenem Kreise als „Mann der großen Welt" durch seine unmittelbare Persönlichkeit ausgeübt hat, dem das ethisch-politische Leben und Wirken weit wichtiger war als sein Lehramt in der Philosophenschule zu Athen.

Doch nun zur Philosophie des Panaitios selbst: Die Ethik wird durch ihn das Hauptstück der ganzen Philosophie, während dies unter Chrysipp die Logik gewesen war. In der Psychologie und in der Ethik sind durch Panaitios wirklich bedeutende, ja epochemachende Fortschritte der philosophischen Forschung gemacht worden.

Auf dem Gebiet der Psychologie ist es vor allem seine scharfe Unterscheidung der irrationalen Mächte des Seelenlebens von der Vernunft und die Würdigung der Bedeutung eben dieses Irrationalen. Dann aber seine Erkenntnis des innersten Wesens der menschlichen Individualität, deren sämtliche Lebensäußerungen, im Denken, Handeln, Sprechen usw. er — insbesondere unter dem Einfluß des Charakterforschers Theophrast — als aus einer einzigen Wurzel entspringend erkennt und würdigt, und drittens seine Erkenntnis der Totalität der *großen sittlichen Persönlichkeit*, d. h. einer wahrhaften Führernatur, die zugleich ein wirklich großer Charakter ist. Diese fundamentale Erkenntnis aber beruht bei ihm auf Beobachtung, Erfahrung im wirklichen Leben, eigenem Denken und nicht zuletzt auf *großer* Intuition. — Das Grundwesen eines solchen überragenden Charakters hat er dann in seinem Werk Περι καθηκοντος (Von den Pflichten) und vielleicht in dem vom Staat als ein Ideal künstlerisch, ja schöpferisch gestaltet.

Aber der Lorbeeren des Panaitios sind noch mehr.

Zweifellos hat auf ihn als Denker gerade der schärfste Gegner der Alten Stoa, Karneades von Kyrene, einer der kritischsten Köpfe der griechischen Philosophie überhaupt, einen tiefen Eindruck gemacht. Durch ihn und an ihm hat er als Denker Gewaltiges „gelernt". Um nur einen Beweis hierfür zu geben: Panaitios' völlige Verwerfung der Astrologie ist, historisch gesehen, eine unsterbliche Tat.

Aber auch Karneades gegenüber hat er, soviel er auch von seinen Thesen akzeptiert hat — weil diese nicht nur unwiderleglich, sondern schlechthin überzeugend waren — durchaus seine Selbständigkeit gewahrt und nicht nur an der stoischen Weltanschauung festgehalten, sondern auch Karneades' gefährliche Argumentation glorreich überwunden. Nämlich dessen bestechende Argumentation, daß man nur „gerecht" oder lebensklug sein könnte. Denn es gäbe nur dies Entweder-

Oder. Entweder ist der Mensch im Sinne des Platon gerecht — dann ist er alles andere eher als lebensklug und handelt im wirklichen Leben zu seinem eigenen schwersten Schaden als ein wahrer Narr — oder er ist wirklich lebensklug; dann handelt er nur zu seinem eigenen persönlichen Nutzen. Dann aber ist er im Sinne der Philosophie vollkommen ungerecht. Denn eins schließt das andere aus. So die Beweisführung des Karneades, die dieser auch noch durch das berühmte „Schiffsplankenbeispiel" drastisch illustrierte. Diese Argumentationen des Karneades, der im Jahre 155 als Mitglied der berühmten Philosophengesandtschaft in Rom durch seinen Vortrag so tiefen Eindruck auf die römische Jugend machte, daß der alte Cato im Senat forderte, diese griechischen Gesandten sofort nach Hause zu schicken — diese Argumentation hat Panaitios durch seine ganz dem Standpunkte Platons entsprechende Entscheidung zunichte gemacht. Dadurch, daß er zeigte, daß das wahrhaft Gute für den Menschen stets auch das wahrhaft Nützliche sei. —

Und noch ein anderer großer Zug im Wesen des Panaitios sei hervorgehoben: seine grundsätzliche Einstellung zu den philosophischen Dingen überhaupt. So insbesondere gegenüber der gräßlichen altstoischen Kasuistik wie überhaupt gegenüber der chrysippischen Logik mit ihren raffinierten Spitzfindigkeiten und lächerlichen Pedanterien. Panaitios kommt es stets nur auf das wirklich Wesentliche an, auf die „Kernprobleme", wie es Pohlenz treffend ausgedrückt hat, d. h. auf die großen Fragen der Lebensanschauung.

Wirklich bedeutsam ist daher auch seine Stellung gegenüber dem vielumstrittenen Tugendbegriff, der für ihn in Wahrheit gar kein Problem ist. Denn Wert hat Tugend überhaupt nur, wenn sie der Mensch in seiner Person durch die Tat, d. h. nicht nur durch einzelne Handlungen, sondern durch sein ganzes inneres und äußeres Leben verwirklicht.

Ganz neu und erst durch Pohlenz in helles Licht gestellt ist aber das Moment der Schönheit in der Philosophie des Panaitios. Nicht etwa nur seine Erkenntnis, daß das sittlich Gute mit dem sittlich Schönen (dem καλόν) identisch ist, so daß das alte Wort „Kalokagathia“ seine Bedeutung behält. Panaitios *aber* erkennt und empfindet auch die *Schönheit des Kosmos* in ihrem ganzen Umfang und sicher auch die des Sternenhimmels mit seiner südlichen Pracht. Aber ebensosehr empfindet er — und das bekundet ein ganz neues Lebensgefühl — die tausendfältige Schönheit *hier auf Erden*: in der ganzen Natur, in den wundervollen Reizen und Unterschieden der Landschaft vom Fels zum Meer. ⟨Ob er auch die Schönheit im Bereich der Pflanzen- und Tierwelt erkannt und empfunden hat, davon fehlt uns leider in unserer Überlieferung jede Spur.⟩ Sicher aber empfand er sie auf einem ganz anderen Gebiet: in der Musik mit ihrer nur geweihten Ohren sich offenbarenden überirdischen Schönheit. Er hat aber auch, wenn gewisse *Indizien* nicht trugen, einen offenen Blick für die Schönheiten in der bildenden Kunst gehabt. ⟨Ob aber auch in der großen griechischen Dichtung? Darüber schweigen leider unsere Quellen.⟩

Aber noch auf einem gänzlich anderen Gebiet sieht Panaitios — und er zum erstenmal in der menschlichen Kulturgeschichte — eine überwältigende Schönheit: in der vollkommenen Harmonie einer geschlossenen sittlichen Persönlichkeit, die in ihrem Denken, Handeln und in ihrer persönlichen leiblich-seelischen Erscheinung, überhaupt in ihrem ganzen Wesen, sich dem tiefer sehenden Geistesauge als ein einzigartiges, in jeder Hinsicht harmonisches Kunstwerk erweist — wie beispielsweise die Gestalt eines Perikles, Sokrates oder Platon oder die eines Scipio oder Cato.

Sicher aber erkannte er unter den singulären Fähigkeiten des Menschen, die ihn vom Tier und aller Kreatur unterscheiden, auch seine Fähigkeit, überhaupt Schönheit in der sichtbaren Welt zu erkennen und zu empfinden, wie andererseits seine Fähigkeit, dank dieser Veranlagung vermittels seiner Hände das Schöne (durch Malerei und Plastik) darzustellen, um so der Schönheit leibhafte Gestalt zu geben.

So ist zum erstenmal in der Geschichte der Philosophie die *Bedeutung des ästhetischen Mo-*

mentes von dem Hellenen Panaitios erkannt und gewürdigt worden. Denn nur ein Hellene konnte solch eine Geistestat vollbringen. Pohlenz hat aber auch mit vollem Recht Panaitios einen Optimisten genannt. Denn er ist Optimist in seiner Überzeugung von der Pronoia (Vorsehung, Fürsorge), der göttlichen Weltvernunft und der von dieser stammenden Vernunft des Menschen, vor allem aus zwei Gründen: weil es dank dieser Vernunft nur auf den Menschen ankommt, gut und glücklich zu werden, und dann, weil diese Vernunft die Grundlage alles Rechtes und aller Staatenbildung und als Grundlage aller Wissenschaft wie aller menschlichen Gemeinschaftsbildungen die Schöpferin aller Kultur ist und den Menschen befähigt, dank seiner inneren Verwandtschaft die Gottheit zu erkennen und dieser möglichst ähnlich zu werden.

Und doch muß man den Optimismus des Panaitios — das darf man gegenüber Pohlenz betonen — in einem wichtigen Punkt einschränken: wegen seiner Beurteilung der konkreten, empirischen Menschheit, d. h. der Menschheit, wie sie sich uns wirklich auf Grund unserer Erfahrungen zeigt. Denn der große Realist Panaitios, der ein Zeitalter furchtbarer Kriege noch in der jüngsten Vergangenheit (Karthago, Numantia, Spanien, Korinth) und der das ganze römische Staatswesen auf das tiefste erschütternden Revolutionen erlebt hat, Panaitios hat von der wirklichen Menschheit, wie sie damals war, eine Auffassung, die ganz der unsrigen „von heute" entspricht, die wir uns infolge von zwei furchtbaren Weltkriegen und verschiedenen Revolutionen gebildet haben. Er konnte sich dabei schon auf eine Schrift von Aristoteles' Schüler Dikaiarchos „Vom Untergang der Menschen" berufen, der unter Vergleich mit allen sonstigen Ursachen vom Untergang von Menschenmassen — wie Überschwemmungen, Erdbeben, Seuchen, Raubtieren usw. — festgestellt hatte, daß unvergleichlich mehr Menschen durch Menschen umgekommen seien — d. h. durch Kriege und Revolutionen —, als durch alles übrige Unheil, das ohne Zutun des Menschen über diesen durch Naturgewalten hereingebrochen sei. Ja, Panaitios konstatiert sogar: es seien zwar manche großen Errungenschaften der Menschen durch Eintracht und Zusammenwirken von Menschen zustandegekommen: „Aber es gibt kein Verderben, was so verabscheuenswert wäre, daß es nicht dem Menschen vom Menschen angetan würde". Nulla tam detestabilis pestis est, quae non homini ab homine nascatur[1]).

Unter dem Eindruck der großen, ja erschütternden Erlebnisse seiner eigenen Zeit hat Panaitios, in tiefstem seelischen Zusammenhang mit allem von ihm selber im Imperium Romanum Erlebten auch auf dem Gebiet des Kriegs- und Völkerrechts höchst beachtenswerte Gedanken geäußert, wie er andererseits den römischen Imperialismus in glücklichster Weise gerechtfertigt hat[2]).

* * *

Eine Tatsache aber, die von Pohlenz noch nicht berührt ist, mag trotz aller neuen und wirklich bedeutenden Erkenntnis der Persönlichkeit des Panaitios, die wir Pohlenz' tiefgründigen Forschungen verdanken, noch hervorgehoben werden: in gewisser Hinsicht ist unsere Kenntnis von Panaitios' innerstem Wesen und Charakter doch unvollständig und wird es stets bleiben, falls uns nicht durch neue Funde eine überraschende Ergänzung und weitere Vertiefung unseres Wissens zuteil werden sollte. Denn es ist uns von Panaitios' Schriften kein einziges Fragment in griechischer Sprache erhalten. Denn das Studium seiner Sprache, wie überhaupt seines ganzen Stiles würde uns, hätten wir Werke von ihm im griechischen Original, zweifellos manche neue Züge seiner seelisch-geistigen Persönlichkeit offenbaren, wie uns das bei einem Herakleitos, einem Platon, einem Aristoteles oder einem Thukydides und ganz besonders bei einem Poseidonios möglich ist. Denn „le style c'est l'homme", wie dies schon der Grieche wußte (οἷος ὁ τρόπος τοιοῦτος ὁ λόγος).

---

[1]) Cicero, De natura deorum II 16.
[2]) Vgl. oben S. 71.

## Poseidonios

Der große „Nachfolger“ des Panaitios, der ihn für die kommenden Jahrhunderte fast ganz in den Schatten stellen sollte, ist Poseidonios aus der Stadt Apameia in Syrien. Ihn darum aber seinem Volkstum nach als Syrer zu betrachten, ist durchaus nicht angängig. Denn dies Apameia hieß ursprünglich Pella nach der alten Hauptstadt Makedoniens. Denn so hatten die Stadt ihre ersten Gründer und Besiedler, die überwiegend Makedonen (aus dem Heere Alexanders) waren, genannt, und erst von König Seleukos I. erhielt sie zu Ehren seiner Gattin den Namen Apameia. Apameia war also eine Griechenstadt und Poseidonios rein griechischer Herkunft. Dafür sprechen überdies andere entscheidende Gründe, wie denn Pohlenz[1]) mit Recht nach Poseidonios' ganzer Geistesart nicht daran zweifelt, „daß vorwiegend hellenisch-makedonisches Blut in seinen Adern floß“. Auch an der uns erhaltenen. offenbar nach dem Leben geformten Porträtbüste des Poseidonios, die ich selber im Jahre 1925 im Museo Nazionale in Neapel wiederholt genau betrachtet habe, ist überhaupt kein semitischer Zug zu erkennen. Die völkische Herkunft des Poseidonios ist daher überhaupt kein Problem mehr.

Dieser Poseidonios. dessen Lebenszeit die neuere Forschung mit Sicherheit annähernd auf die Jahre 135—51 v. Chr. bestimmt hat, ist eine der merkwürdigsten und bedeutendsten Gestalten der gesamten griechischen Geistesgeschichte. Denn er ist nach Aristoteles der größte Universalforscher der Antike, der in einer ganzen Reihe verschiedenster Fachwissenschaften selber mit glänzendem Erfolge forschend tätig gewesen ist. sie aber alle durch das Band seiner philosophischen Weltanschauung weiter und tiefer verankert und adelt. Denn er ist zugleich, bei all seiner fachwissenschaftlichen Forschung und seiner beispiellosen literarischen Gelehrsamkeit ein wirklicher Philosoph und mit nichten ein „Eklektiker“ oder gar Kompilator, wie früher aus Unkenntnis des wahren Sachverhaltes behauptet worden

[1]) Stoa I 208.

ist. Er ist vielmehr — das sehen wir insbesondere dank Jaegers und Reinhardts Forschungen, die in allem Wesentlichen heute Gemeingut der modernen Altertumswissenschaft geworden sind — der bedeutendste Denker und Forscher der hellenistischen Philosophie überhaupt, der auf das letzte halbe Jahrtausend der antiken Kultur einen allbeherrschenden Einfluß geübt und vor allem durch Cicero auch auf Mittelalter und Neuzeit, ja bis auf Goethes Welt- und Lebensanschauung — man denke nur an den Prolog des Faust — nachhaltig eingewirkt hat. Diese Tatsache hat ihren tieferen psychologischen Grund zunächst darin, daß er griechisches Denken, d. h. die Gedanken der griechischen Philosophie von ihren Anfängen bis auf seine eigene Zeit, in einer Weise synthetisch verarbeitet hat wie niemand vor und wie niemand nach ihm. Aber seine singuläre geistige Nachwirkung, durch die vor allem der Neuplatonismus heraufgeführt wird, hat noch tiefere Gründe in dem Wesen seiner ebenso interessanten wie komplizierten und, wie wir sehen werden, wahrhaft verehrungswürdigen Persönlichkeit.

Um in die „Welt" des Poseidonios verstehend einzudringen, ist zunächst eine kurze Einführung in das Leben und das gewaltige Schrifttum des Mannes notwendig. Er wird zuerst in Athen ein „Schüler" des großen Panaitios und durch diesen für die stoische Weltanschauung gewonnen, wenn er auch seiner eingeborenen Natur nach von diesem grundverschieden ist. Kein Zweifel, daß er dann auch länger in Alexandreia, der geistigen Zentrale aller Fachwissenschaften, geweilt und studiert hat. Was aber besonders merkwürdig und bedeutsam ist, das sind seine großen Forschungsreisen in westlicher Richtung. Mit Recht ist jetzt allgemein anerkannt, daß er in Sizilien längere Zeit geweilt und dort die gewaltigen Phänomene des Vulkanismus auf das intimste kennen und würdigen gelernt hat. Und sicher ist er dann auch in Rom und Etrurien gewesen. Vor allem aber hat er von Massalia (Marseille) aus das südliche Gallien, die Provence, d. h. deren Land und Leute, wie überhaupt das keltische Volkstum in all seinen Lebensäußerungen beobachtet und erforscht und dann — und das ist das zweite Land seiner großen weltgeschichtlich bedeutenden Entdeckungen — das südwestliche Spanien, auch hier das Land und seine Bewohner, ganz besonders aber die ungeheuren Phänomene des Meeres, d. h. die Gezeiten in ihrem stürmischen Wechsel an der Straße von Gibraltar. Kein Zweifel, daß Poseidonios der größte Forschungsreisende der Antike gewesen ist, mit einer alles Leben der Länder im ganzen wie in all seinen Einzelheiten erfassenden Beobachtungsgabe; denn auf ihn paßt wirklich das Wort eines späteren Griechen von der „Sendung" des wahren Philosophen ἐπισκοπῶν πάντα τὰ τῶν ἀνθρώπων ἔθη καὶ ἤθη[1]). Nur hätte dieser Maximus Tyrius noch hinzufügen müssen: und all die Phänomene der Allnatur (Physis). Ein universaler Beobachter von Gottes Gnaden, wie seinesgleichen die Weltgeschichte bis auf Alexander von Humboldt nur ganz wenige auserlesene Forscher kennt, und der nur in einzelnen großen Ioniern Geistesverwandte hat.

Nach Abschluß seiner Reisen, die wir mit Sicherheit in das Jahrzehnt nach dem Untergang der Kimbern und Teutonen, d. h. nach dem Jahre 101 v. Chr. setzen können, ist er dann in den Osten zurückgekehrt. Er hat aber nicht die Nachfolge des Panaitios als Haupt der Stoa in Athen angetreten; vielmehr hat er in der Hauptstadt der Insel Rhodos, also in der Heimat seines „Lehrers" Panaitios, eine eigene Philosophenschule eröffnet, als deren Haupt er bald ein ungewöhnliches Ansehen, sowohl in dem rhodischen Freistaat wie in der Folge auch in der vornehmen Gesellschaft Roms, gewonnen hat.

Als Gesandter der Republik Rhodos weilte er im Jahre 86 in Rom und hatte dabei noch Gelegenheit, den Besieger der Kimbern und Teutonen auf seinem letzten Krankenlager besuchen zu dürfen. Später ist er in Rhodos sogar von der Bürgerschaft zum Prytanen, d. h. zum Präsidenten ihres Rates gewählt worden. Wie bedeutend aber in der Hauptstadt der Welt sein Ansehen gewesen ist, das weiß nicht nur jeder Leser von Ciceros

[1]) Alle Sitten und Bräuche der Menschen und ihre Wesensart betrachtend.

Schriften; es wird auch nicht nur durch die Tatsache beleuchtet, daß Cicero ihn bat, die Geschichte seines Konsulates (im Jahr der catilinarischen Verschwörung) zu schreiben, sondern vor allem dadurch, daß der große Feldherr Pompeius ihn zweimal in Rhodos besucht hat und bei seinem ersten Besuch vor dem Eintritt in das Haus des Poseidonios den Liktoren befahl, vorher die fasces (die Rutenbündel mit dem Beil, das Zeichen der römischen Staatshoheit) zu senken, „eine für einen Nicht-Römer unerhörte Ehre" (Mommsen).

Poseidonios hat offenbar auch im Umgang mit Menschen, mit hoch und gering, Würde und Anmut in glücklichster Weise vereint. Denn er war sowohl ein erlauchter Vertreter der weltumspannenden griechischen Wissenschaft wie ein Mann „von Welt", der vieler Menschen Städte gesehen und ihre Denkart kennengelernt hatte.

Die Schriften des Poseidonios waren, als ganzes gesehen, von einem geradezu ungeheuren Umfang, aber auch durch Reichtum an verschiedenartigstem Inhalt schlechthin erstaunlich. Aus den verschiedensten Bereichen wirklich ernster Wissenschaft können hier nur einige besonders charakteristische Titel seiner Werke genannt werden, die von dem erstaunlichen Interessenreichtum des Poseidonios eine Vorstellung erwecken können. So verfaßte er, und zwar zweifellos in der Hauptsache in der Zeit von spätestens 90 bis mindestens 60 v. Chr. — denn in dieser Zeit hat er nach Rückkehr von seinen Reisen notorisch auf Rhodos gelebt und gewirkt und unablässig gearbeitet — die Werke: „Von den Tugenden" — „Vom Fatum" — Eine „Ethik" — „Von Heroen und Dämonen" — „Von den Göttern" (eins seiner Hauptwerke in wenigstens 13 Büchern) — „Von der Mantik" (in 5 Büchern) — „Von der Vorsehung" —, aber auch eine Reihe großer naturwissenschaftlicher Werke, so von den „Metéora" in wenigstens 6 Büchern, ferner eine „Meteorologie" und dann eins seiner Hauptwerke „Vom Ozean"; ferner in wenigstens 15 Büchern eine „Physik"; eine Schrift „Von der Welt", andererseits ein Werk von den πάθη (Gemütsbewegungen, vgl. oben, S. 54 f.) in wenigstens 2 Büchern; ein Buch „Von der Seele". Andererseits verfaßte er als

Fortsetzer des Polybios, wenn auch in völlig anderem Geist, ein großartiges zeitgeschichtliches Werk, die „Historien", in 52 Büchern, dessen Bedeutung, Ökonomie — es begann mit den Jahren 145/44 und endete wahrscheinlich mit dem Mithridatischen Kriege — und Eigenart, sowie den stoisch-religiösen Geist — der, aus der innersten Physis des Autors selbst entsprungen, das Ganze höchst eindrucksvoll durchwehte — uns erst Felix Jacoby, der größte Erforscher und Kenner der gesamten Griechischen Historiographie, ganz verstehen und würdigen gelehrt hat, dem wir auch die erste wirklich wissenschaftliche Sammlung der Fragmente der Historien und des großen Werkes „Vom Ozean" und ihre höchst wertvolle Kommentierung verdanken. Wie denn überhaupt erst Jacoby uns eine völlig überzeugende, lichtvolle und wahrhaft gerechte Charakteristik des P. gegeben hat. Und doch ist es von erheblichem Wert, neben der Jacobys die ausgezeichnete Charakteristik des Historikers P. von Max Pohlenz[1]) zu lesen. Ich habe an anderer Stelle ein Bild des großen Geographen Poseidonios gegeben[2]), der auf dem Gebiet der mathematischen wie der physikalischen Geographie — gestützt nicht nur auf die Werke seiner großen Vorgänger wie insbesondere des Hekataios und des Eratosthenes, sondern auch auf seine eigenen großen Forschungsreisen in den Küstenländern des Mittelmeeres von Sizilien bis zur Straße von Gibraltar — wahrhaft Vorbildliches geleistet hat, das auch dem modernen Geographen Bewunderung abnötigt.

Großartig ist schon seine mathematische Geographie, wie ihm denn die griechische Mathematik wie insbesondere die sog. Erdkugelgeographie ein ganz vertrautes Gebiet ist. Daher nicht nur seine Berechnung des größten Erdumfanges = 240 000 Stadien = 48 000 km, sondern auch seine eindringende, durchaus glückliche und zutreffende Behandlung der Zonenlehre, seine Konzeption der Gestalt und Ausdehnung der Oikumene und dabei seine ständige Berücksichtigung der kosmischen Vorgänge im Laufe des Jahres.

---

[1]) Stoa I 211 ff.
[2]) „Die Griechische Erdkunde u. Poseidonios", N. Jbb. 1920, S. 305 ff.

Auf dem Gebiet der physikalischen Geographie sind seine Entdeckungen und Erkenntnisse so reich und tiefdringend, daß sie hier nur angedeutet werden können. So ist es zunächst der ewige Wechsel von Land und Meer im Lauf der Jahrtausende, der sein Nachdenken dauernd beschäftigt, wie denn Landverlusten an manchen Küsten gewaltige Anschwemmungen von Land an Flußmündungen, wie insbesondere im Nildelta, gegenüberstehen, an manchen Stellen Inseln zu Festland werden, an anderen neue Eilande auftauchen. Vor allem aber interessiert ihn das Meer als ein ungeheures, den ganzen Erdball umfassendes Phänomen. Und hier sind es besonders die Gezeiten, deren rhythmischen Wechsel er in einem besonders kritischen Zeitpunkt, zur Zeit der Sommersonnenwende, bei Vollmond und danach, an der Straße von Gibraltar einen Monat lang genau beobachtet und dabei die wechselnden Fluthöhen mißt, wie er auch die Auswirkungen der Flut, bis hoch in die südspanischen Ströme hinauffahrend, verfolgt. Ebenso hat er bei anderer Gelegenheit, auf der Rückfahrt von Spanien, durch widrige Winde im westlichen Mittelmeer zwischen den Balearen und Sardinien wochenlang festgehalten, die Meerestiefen gemessen und sich notiert. Aber wie sein Blick auch bei all seinen geographischen Beobachtungen stets zugleich auf das Ganze gerichtet ist, so hat er selbst solche Meerestiefen ebenso wie die dem Menschen gewaltig erscheinenden Hochgebirge (seien es Alpen oder Pyrenäen, der Ätna oder der Olymp) dank seiner Erkenntnis der Größe des gesamten Erdballes, die sogar noch über die Wirklichkeit etwas hinausgeht, für völlig belanglos erklärt: all solche Erhöhungen oder Vertiefungen ändern nichts an der Kugelgestalt der Erde. Und er hat sogar diese Erkenntnis auch für den Laien durch einen plastischen Vergleich anschaulich gemacht: auch die kleinen Früchte der Platane bleiben trotz aller sie umgebenden Stacheln doch immer kugelförmig. Er hat aber auch die allmählich im Lauf von Jahrtausenden vor sich gehenden Veränderungen der Erdoberfläche, sei es durch die unwiderstehlichen Wirkungen des Wassers oder durch Erd- und Seebeben oder durch vulkanische, aus den Erdtiefen herauswirkende Kräfte, nicht nur umfassend betrachtet, sondern er ward auch ein wirklicher

Seismologe und Vulkanforscher hohen Ranges. Er hat aber seine geophysischen wie seine meteorologischen Forschungen auch mit besonderem Interesse dem Grundwasserproblem und dem Kreislauf alles Wassers zugewendet. Er hat auch die Bodenschätze einzelner Länder, wie insbesondere die des so metallreichen Spaniens, auch nach ihrer wirtschaftlichen Bedeutung gewürdigt. Und dann noch eins: er hat als erster der antiken Geographen auch schon das Wesen einer Landschaft, d. h. insbesondere gewisse Charakterlandschaften dank eigenem Schauen auf seinen Forschungsreisen geistig erfaßt und uns solche Landschaften wie die Crau d'Arles unweit der Rhônemündung oder die Ätnalandschaft oder die Landschaften Turdetaniens (Andalusiens) ebenso wie die „verbrannte Zone“ (die κατακεκαυμένη) im nordwestlichen Kleinasien mit wundervoller Plastik geschildert.

Die mathematische Fundierung des Naturforschers Poseidonios tritt wie in der Geographie ganz besonders in seiner Astronomie hervor. Die großen Weltkörper, der Mond und vor allem die Sonne, haben die Forschung des Philosophen Poseidonios, der mit seinem Denken den Makrokosmos ebenso tief zu ergründen sucht wie den Mikrokosmos, ganz besonders gefesselt. Er berechnet die Entfernung des Mondes von der Erde auf 50 000 Meilen und kommt daher der Wahrheit (51 800 Meilen) schon erstaunlich nahe. Die Substanz des Mondes, seine Phasen, seine Bahn, seine Größe wie seine Entfernung sind für ihn selbstverständliche Fragen. Auf der anderen Seite interessieren ihn die Einwirkungen des Mondes auf die irdischen Dinge, d. h. auf die Atmosphäre, das Meer (die Gezeiten), aber auch, wie er meint, auf manche Lebewesen, wie z. B. die Schaltiere, und auf die Vegetation (das Reifen der Früchte). Aber gegenüber dem Herzen des Kosmos, der Sonne, ihrer wahrhaft zentralen Bedeutung, muß der Mond völlig verblassen. Schon über die Größe und die Entfernung der Sonne sind seine Forschungsergebnisse erstaunlich. Wie Franz Boll in seiner klassischen Abhandlung feststellt, ergibt seine Schätzung der Sonnenentfernung fünf Achtel und die des Sonnendurchmessers drei Achtel der wirklichen Beträge. Ja, es ist festgestellt worden, daß er über die Entfernung der Sonne schon richtigere Anschauungen gehabt hat als der große Physiker Newton.

Gegenüber der Fülle der Erscheinungen auf der Oberfläche dieser Erde erhebt sich der Jünger des Platon und Aristoteles zu höheren Sphären, um von hoher Warte die Gesamtheit des irdischen Lebens zu überschauen und nach seinen letzten Ursachen zu forschen. Und hier ist es die Sonne, von deren schöpferischer Macht er überall die Wirkungen zu erkennen glaubt, so daß er einmal, ihre Gesamtwirkung als Philosoph zusammenfassend, von ihrer ζωτικωτάτη δύναμις spricht, d. h. von ihrer alles Leben in seinen tiefsten Gründen erzeugenden Kraft.

Wie schon das Klima nicht nur der verschiedenen Zonen, sondern auch der einzelnen Länder je nach dem Sonnenstande verschieden ist, so hängen auch Reichtum und Arten der Tier- wie der Pflanzenwelt Indiens und Libyens von Licht und Wärme der Sonne ab, deren Einwirkung der Beryll und Smaragd Südarabiens ebenso Entstehung und Farbe verdanken wie das bunte Gefieder der tropischen Vogelwelt. Aber auch die bedeutsamen Unterschiede im Charakter der Völker verschiedener Himmelsstriche gehen letzten Endes auf die Eigenart ihres „Klimas" (das Wort in astronomisch-mathematischem Sinne, d. h. ihrer Lage zur Sonne) zurück, die nicht nur ihre körperliche Konstitution, sondern auch ihre seelische Veranlagung entscheidend beeinflußt.

So wird alles Leben auf dieser Erde unter kosmischem Gesichtspunkt betrachtet. Auch der Geograph Poseidonios zeigt mehr als einen großen Zug: so fein er das einzelne beobachtet, nie bleibt sein Blick am einzelnen hängen; immer erhebt er sich zu einer alle Erscheinungen zusammenfassenden Gesamtansicht: es ist der universale Zug des Philosophen, der die Dinge „zusammenschauend" nach einem Bilde des Ganzen strebt, alle Erscheinungen auf e i n e Ursache zurückführen möchte. Ist ihm doch die Geographie nur ein Teil der Philosophie, der „Wissenschaft von den menschlichen und göttlichen Dingen". Und gerade der philosophische Zug ist es, der P. vor anderen Geographen des Altertums sein besonderes Gepräge verleiht. Doch darf man darüber, daß sein inneres Verhältnis zu den kosmischen Dingen zugleich einen tief religiösen Charakter hat, so daß er oft ihre Macht begeistert preist, nicht übersehen, daß auch Poseidonios wie die alte Stoa und wie schon Platon und selbst Aristoteles die Gestirne für beseelte, göttliche Wesen gehalten hat, in schärfstem Gegensatz zur Erkenntnis des Anaxagoras und der Atomisten.

Auch die Planetenbahnen haben sein Denken stark beschäftigt. Er kennt die Lehre von den exzentrischen Kreisen und den Epizyklen, wie sie zur Erklärung der komplizierten Planetenbahnen (man denke nur an die Bahn der Venus) der große Mathematiker und Astronom Hipparch verwendet hatte.

Bekanntlich war auch Poseidonios' Weltanschauung wie die des Platon und Aristoteles und der alten Stoa geozentrisch. Und doch muß er die heliozentrische Lehre des Aristarch von Samos und ihre Begründung durch Seleukos gekannt haben. Wie er sich aber mit dieser auseinandergesetzt hat, darüber schweigt leider unsere Überlieferung vollständig.

Aber von der ungeheuren, d. h. unendlichen Größe des Weltalls hat er doch schon eine relativ annähernde Vorstellung. Wenn nach seiner Anschauung die Erde im All nur ein Punkt ist, so dürfen wir freilich nicht vergessen, daß diese schon bei den großen Astronomen vor ihm Gemeingut war und daß Aristarch von den Ausmaßen des Alls (von der Erde bis zur Fixsternsphäre) eine noch viel tiefer dringende Erkenntnis hatte, die noch heute unsere Bewunderung erregt, zumal die Antike noch keinerlei Teleskope gehabt hat. Bei all diesen Erkenntnissen und Problemen des Astronomen Poseidonios darf jedoch nicht verschwiegen werden, daß er ein überzeugter Anhänger der Astrologie gewesen ist und ihre Lehren in verschiedenen seiner Werke ausführlich entwickelt hat. Und eben dadurch, daß er im Gegensatz zu Panaitios die Astrologie und ihre Grundgedanken als einen integrierenden Bestandteil in seine Weltanschauung aufgenommen hat, hat diese gegenüber den scharfen Angriffen des Karneades und der Anerkennung dieser durch Panaitios infolge der ungeheuren Nachwirkung von Poseidonios' Werken in der griechischen und römischen Literatur der folgenden Jahrhunderte eine gewaltige Verstärkung erhalten.

Es muß daher hier ein Wort über die nach dem Tode Alexanders des Großen in die griechische Welt allmählich immer tiefer eindringende Astrologie gesagt werden. Der Grundgedanke, daß des Menschen Schicksal „in den Sternen" geschrieben ist, geht auf die babylonische Astrologie zurück, die in dem Menschenalter nach Alexanders Tode durch Massen von Übersetzungen babylonischer astrologischer Schriften in das Griechische einen gewaltigen Einbruch orientalischen Wesens in das Denken des Abendlandes bewirkt hat.

Eine Reihe gewichtiger Momente hat die Annahme astrologischer Lehren, zumal in der stoischen Philosophie, mächtig gefördert, wie denn schon Zenon und Chrysipp, die großen Häupter der alten Stoa, diese angenommen haben. Zunächst die Anschauung, daß die Gestirne, vor allem aber die Planeten einschließlich von Sonne und Mond, die man damals zu den Planeten rechnete, beseelte göttliche Wesen seien. Das zweite Moment ist der schon altstoische Fatalismus, der sich auf die Lehre von der unentrinnbaren Wirkung einer unendlichen Kette von Ursachen im Makro- wie im Mikrokosmos gründete. Hiermit hängt auf das engste das Dogma von dem unentrinnbaren Zusammenhang aller Dinge, der συμπάθεια τῶν ὅλων, zusammen, die gerade für Poseidonios' grundlegende Überzeugung nicht nur von der Einheit des gesamten Kosmos, sondern auch von der harmonischen, durch die Weltvernunft, in sämtlichen Teilen des Kosmos gewirkten Ordnung von größter Bedeutung ist, ein Gedanke, der durch die ewig unveränderlichen Bahnen der Planeten wie der Gestirne seine überwältigende Bestätigung fand, zumal für das Denken des Poseidonios. Und als letztes förderndes Moment kam die schon aus dem hohen griechischen Altertum stammende Überzeugung hinzu, daß die Götter, sei es Zeus oder Apollon oder wer auch immer, den Menschen kommende Ereignisse durch mancherlei Vorzeichen ankündigen. Und für P., dem die Sonne als schlechthin fundamentale Ursache alles Lebens auf Erden nicht nur philosophische Überzeugung, sondern zugleich ein religiöses Grunderlebnis war, scheint es nur folgerichtig, wenn er die babylonische Lehre von den Gestirnen, d. h. den Planeten, nicht nur als Kündern der Zukunft, sondern als Herrschern („Archonten") alles Lebens und Geschehens annahm. Eine Tatsache, die freilich für uns ein Rätsel zu bergen scheint, wenn wir bedenken, daß er wenigstens nach Ciceros Zeugnis ein „Schüler" des Panaitios gewesen ist, der diese ganze Lehre nach dem Vorgang des Karneades verworfen hat.

Dies astrologische Weltbild aber bedeutet: daß die Planeten und im Verein mit ihnen die „Zódia", die zwölf Bilder des Tierkreises, für das Leben, Handeln und Leiden aller Kreatur von entscheidender Bedeutung sind, und daß ihre Wirkung vor allem auf das gesamte Lebensschicksal des Menschen von der Geburt bis zum Tode absolut unentrinnbar ist, so daß demgegenüber nicht nur der Mensch, sondern auch alle anderen Götter völlig machtlos sind. Und daß — und dies ist die zweite fundamentale Lehre der Astrologie — aus der „Konstellation" der Planeten in dem jeweiligen Tierkreiszeichen in der Geburtsstunde des Menschen mit völliger Sicherheit der Gang und Inhalt seines Erdenlebens vermittels des Horoskops vorausgesagt werden kann. Eine Lehre, die bekanntlich selbst einem Goethe eingeleuchtet hat, der zu Beginn von „Dichtung und Wahrheit" von seiner Geburt in Frankfurt am 28. August 1749, mittags um 12 Uhr, sagte: „Die Konstellation war glücklich; die Sonne stand im Zeichen der Jungfrau und kulminierte für den Tag; Jupiter und Venus blickten sie freundlich an, Merkur nicht widerwärtig. Saturn und Mars verhielten sich gleichgültig. Nur der Mond, der soeben voll ward, übte die Kraft seines Gegenscheines um so mehr, als zugleich seine Planetenstunde eingetreten war."

In diesen Worten ist die ganze astrologische Grundlehre enthalten, wie sie auch innerste Überzeugung des Poseidonios gewesen ist, der Philosoph, Naturforscher hohen Ranges und „Theologe" in einem ist.

Und so ist mit der Astronomie, wie überhaupt mit der Weltanschauung des P., seine Astrologie unlöslich verbunden.

Es gibt zu denken, daß selbst große und größte Astronomen und Physiker der Neuzeit, daß selbst Kopernikus, Tycho de Brahe, Galilei und Kepler „samt und sonders noch praktische Astrologen" gewesen sind. Der Historiker der Philosophie kann aber angesichts dieser Entwicklung des griechischen Denkens, zumal seit Alexander und seiner Erschließung der geistigen Welt des Orients, durch die die Astrologie zu einer trotz aller Anfechtungen im Lauf der Jahrhunderte immer wieder siegreichen Macht wird, eine kritische Bemerkung nicht unterdrücken. Wäre die Erkenntnis des Anaxagoras, der schon in der ersten Hälfte des 5. Jahrh., in Perikles' Tagen, aus dem Niedergang eines riesigen Meteors bei Aigospotamoi (auf der heute Gallipoli genannten Halbinsel) den kühnen Schluß zog[1]), daß die Gestirne (die Sonne einbegriffen) überhaupt keine Lebewesen oder gar Götter seien, sondern nur glühende Metallklumpen (μύδροι διάπυροι), in der griechischen Wissenschaft durchgedrungen und die Leugnung ihrer göttlichen Existenz danach nicht nur von den Atomisten erfolgt, dann hätte die von Osten in die Seelen der griechisch-römischen Welt immer tiefer einsickernde Astrologie niemals diese weltgeschichtliche Bedeutung auch für das christliche Abendland gewonnen, die wir bis in unsere Tage hinein nicht nur als Historiker sondern überhaupt als denkende Menschen der Gegenwart erleben.

Die zweite Fachwissenschaft, in der Poseidonios, auf dem großen Werk des Aristoteles fußend, dieses zum Teil berichtigend, zum Teil auf Grund seiner gegenüber Aristoteles gewaltig erweiterten Länderkunde ergänzend, Hervorragendes leistet, ist die Meteorologie. Dies kann freilich hier nur angedeutet werden, obgleich wir darüber manches sehr Interessante wissen, nicht nur von seiner Optik der atmosphärischen Erscheinungen und von seiner zwölfstrichigen Windrose oder von der Entstehung von Fallwinden wie auch von Windhosen oder von seiner physikalischen Erklärung der Fata Morgana in Libyen jenseits der Syrte. Doch ist auch

[1]) Vgl. Philol. 71 S. 431 Anm. 46. Ferner meine Studie „Anaxagoras", Neue Jbb. 1919 S. 86 f.

hier bedeutsam, daß P., der für alle Vorgänge und Erscheinungen in der sublunaren Region, d. h. (nach antiker Auffassung) in der Atmosphäre, ein besonders lebhaftes Interesse bekundet, auch all diese Vorgänge unter kosmischer Perspektive des Philosophen betrachtet, wie er ja auch die Sonne als die letzte Ursache aller atmosphärischen Vorgänge erkannt hat.

Er erweist sich aber auch noch auf einem ganz anderen Gebiet, das nicht der Naturwissenschaft, sondern der Wissenschaft vom Menschen angehört, als ein Forscher hohen Ranges: in der wissenschaftlichen Völkerkunde. Wie schon die Arbeit von Karl Trüdinger zeigen kann, hat er freilich auf diesem Gebiet schon eine ganze Reihe bedeutender Vorgänger gehabt, deren Werke er genau gekannt hat. Aber wenn wir von Hekataios und Herodot absehen, so hat er vor den meisten von ihnen einen gewaltigen Vorsprung: seine Völkerkunde gründet sich in der Hauptsache auf eigene große Forschungsreisen in den damals den griechischen Ethnologen noch kaum bekannten Westen Europas, d. h. auf Autopsie. Was er hier alles mit physischem Auge und mit dem Auge eines wahrhaft genialen Geistes geschaut, beobachtet, in großen Zusammenhängen geschaut, gewertet und gedacht hat — in dieser großen wahrhaft schöpferischen Synthese kommt ihm keiner seiner Vorgänger auch nur annähernd gleich. Denn er sieht die Dinge, die Menschen und ihre Gemeinschaftsbildungen nicht nur als Ethnologe im engeren Sinne, sondern zugleich als Soziologe und Historiker und als Philosoph und nicht zuletzt als Mensch. Seine innere Einstellung gegenüber fremden Völkern, sogenannten Barbaren, deren Leben und Treiben er nun, oft mitten unter ihnen, beobachtet, ja erlebt, ist eine völlig andere als die all seiner Vorgänger. Denn er erfaßt als erster wissenschaftlicher Mensch auf dieser Erde und als einziger in der gesamten antiken Wissenschaft die Welt der Barbarenvölker als etwas wirklich Erforschungswürdiges, ja, er sieht sogar in der Seele gewisser Barbarenvölker, d. h. des europäischen Nordens, trotz aller Schattenseiten göttliche Kräfte aufleuchten. Er tritt daher an diese „Barbaren" mit einer damals noch unerhörten Unbefangenheit und Frische heran, zugleich mit einer phänomenalen Beobachtungsgabe ausgerüstet, wie wir sie in dieser Universalität selbst bei den genialsten alten Ioniern nicht kennen.

Denn es gibt überhaupt keine Erscheinung von Belang in fremden Landen, im Bereich der Natur und des Menschenlebens, die seinem Auge entgeht. Zunächst im Bereich der sichtbaren Phänomene des Menschenlebens: der physische Habitus des betreffenden Volkes — der Wuchs, die Farbe des Haares und der Augen, der Teint, der Blick — die Tracht, der Schmuck und die Bewaffnung. Dann aber der Bios des betreffenden Volkes in all seinen Äußerungen: Nahrung, Beschäftigung, Benehmen beim Mahle, beim Gelage oder beim Tanz; die Bauart der Häuser, all ihre Sitten und Bräuche, ihre Kampfesweise, Behandlung erschlagener oder gefangener Feinde, aber auch die soziale Struktur eines Volkes. Auch die Stellung der Frau, die Arbeitsteilung zwischen Frau und Mann, Sexualia und dann ganz besonders die Religion und die religiösen Bräuche des Volkes. Sehr interessiert ihn auch dessen Zukunftserforschung, die Mantik, insbesondere die Palmomantik: aus den Zuckungen und dem Fall der geschlagenen Opfer (bei Menschenopfern), aber auch Sagen und mündliche Überlieferungen, wie Heldenlieder und vieles andere. Und dazu kommen dann noch die mannigfachen Eigentümlichkeiten (die ἴδια, eigentlich: Eigenheiten) der einzelnen Völker. In der ganzen antiken Literatur unerreicht sind seine Schilderungen der großen Nordvölker: der Kelten und der Kimbern und Teutonen auf Grund langwährender Autopsie, zumal in Südgallien, wobei er sich dankbar der äußerst förderlichen Unterstützung und Beratung seines Gastfreundes Charmoleon aus Massalia erfreut. Doch können hier nur Andeutungen gegeben werden.

Poseidonios beschreibt — und dieser feine Zug verrät zugleich den echten Künstler anschaulicher Darstellung — die Wesenszüge des keltischen Volkes nicht etwa in trockener Aneinanderreihung, sondern er schildert diese, dank seinem eigenen Schauen mitten unter ihnen, wie Karl Reinhardt treffend gesagt hat, „in Aktion", d. h. in Tätigkeit, in lebendiger Bewegung. Er beobachtet sie beim Mahle, ihre leichte Erregbarkeit, die manchmal zum Streit oder gar zum Zweikampf ausartet; auch ihre Neigung zur Prahlerei fällt ihm auf, und mit Schaudern sieht er ihre barbarische Weise, ihr Fleisch mit den Händen zu zerkleinern und hinunterzuschlingen. Unter der Fülle ethnologisch interessanter Züge ist einer, der ihm selber auf seiner Reise durch das südliche Gallien zuerst starkes Unbehagen verursachte: nämlich ihr Brauch, dem getöteten Feinde den Kopf abzuhauen, diesen an die Mähne ihres Pferdes zu binden und damit unter wildem Siegesgesang nach Hause zu jagen, um ihn dann am Giebel ihrer Behausung anzunageln. Er schildert aber auch — dies vielleicht auf Grund von Mitteilungen seines Gastfreundes — mit grausamer Anschaulichkeit, als ob er selbst dabei gewesen wäre, und doch schlicht und sachlich, die Schlachtung und Opferung römischer Kriegsgefangener durch die Priesterin der Kimbern, so daß wir den greulichen Vorgang in unserer Phantasie miterleben.

Aber der Historiker und der Philosoph der Völkerkunde — denn auch das ist er — betrachtet Wesen und Leben der Nordvölker, deren Individualität er in ihrer Totalität erfaßt, unter ganz anderem Gesichtspunkt. Schon Platon hatte — ohne von den nordischen Völkern des P. zu wissen; denn für Platon sind nördliche Völker nur Thraker und Skythen — auf Grund seiner Dreiteilung der menschlichen Seele drei Hauptgruppen von Völkern unterschieden und den nördlichen als Charakteristikum das „Mutartige" zugeschrieben, während die Griechen die Herrschaft des Logos auszeichnet, und den Phönikern und Ägyptern das „Begehrende", d. h. der Erwerbstrieb, eigen sei. Aber erst P. zieht als Historiker des europäischen Westens und als Rassenforscher ganz neue Konsequenzen. Denn er hat wirklich den entscheidenden Wesenszug einer ganzen Völkergruppe (eben der Nordländer) als die Auswirkung einer einzigen tieferen (seelischen) Ursache aufgefaßt, nämlich des „Mutes", wobei man wissen muß, daß das griechische Wort „Thymós" nicht nur den Mut, sondern auch die Willenskraft einschließt. Unter diesem Gesichtspunkt hat er augenscheinlich auch die Kimbern und Teutonen betrachtet. Das „Thymoeidés", das Mut- aber auch das Wutartige ihres Wesens — denken wir an den „Furor Teutonicus" — wurde ihnen zum Verhängnis.

Aber dies Mutartige der Nordvölker, diese Tatsache von weltgeschichtlicher Bedeutung, führt er als Philosoph auf letzte, d. h. kosmische Ursachen zurück. Wie alle klimatischen Unterschiede von Ländern und Völkern, hängt auch dieser Zug mit dem individuellen Sonnenstand der Nordvölker zusammen. Die Sonne bewahrt in den Gegenden, die sie nur in mäßiger Weise erwärmt, die Körper in der rechten Mischung. Es wird daher in den kalten Gegenden, die weit vom Süden abliegen, die Feuchtigkeit von der Wärme nicht aufgezehrt, sondern aus der Atmosphäre ergießt die tauige Luft in die Körper Feuchtigkeit und macht den Körper umfangreicher und den Klang der Stimme tiefer. Daher sind die Völker, die unter dem Nordgestirn leben, von gewaltigem Körperbau, weißer Hautfarbe, schlichtem rötlichem Haar, blaugrauen Augen und mit viel Blut infolge der Fülle von Feuchtigkeit und des kalten Klimas ausgestattet. Es sind daher die Körper, die unter dem Nordgestirn geboren werden, dem Fieber mehr ausgesetzt und weniger widerstandsfähig, aber dank ihrem Reichtum an Blut widerstehen sie dem Eisen ohne Furcht. Daher sind die Völker, die in kalten Gegenden aufwachsen, zum Kampfe der Waffen geneigt infolge ihrer kriegerischen Eigenschaften, da sie keinerlei Furcht kennen. Dagegen stürmen sie infolge der Langsamkeit ihres Geistes ohne Überlegung darauf los und sind ohne kluge Gedanken ihren eigenen Entschlüssen im Wege.

Es kann kein Zweifel sein, daß P. hier vor allem an die Kimbern und Teutonen gedacht hat. Diese muß er doch auch von den Kelten, die er persönlich näher kennenlernte, stark unterschieden haben. Denn Logos traut er ihnen, auf Grund historischer Erfahrung, offenbar nur wenig zu, wohl aber den Kelten. Denn von diesen sagt er, daß sie einen scharfen Verstand hätten und zum Lernen nicht unbegabt wären. Bei diesen Kelten sah er offenbar im Gespräch bei jedem Wort sozusagen den Logos durchleuchten. Es kann daher kein Zweifel sein, daß er Kimbern und Teutonen von den Kelten infolge ihrer grundverschiedenen geistigen Veranlagung scharf unterschieden hat.

## II.

## Der Philosoph Poseidonios

„In der Vereinigung griechischer und orientalischer Wesensart ein echter Vertreter des Hellenismus, zugleich Mystiker und Rationalist, Wundergläubiger und exakter Ätiologe, spekulativer Denker und Empiriker, selbständiger Beobachter und Verarbeiter historischer Tradition, Naturforscher und Menschenkundiger, auch auf dem Gebiet der praktischen Politik, schuf er sich, nur zum Teil in den Spuren seines Lehrers Panaitios wandelnd, eine Weltanschauung, in der sich Vorsokratisches, Platonisches, Aristotelisches und Stoisches zu einem wohlgefügten System verbanden." Diese, Poseidonios in ausgezeichneter Weise in nuce charakterisierenden Worte eines Forschers wie Karl Praechter mögen gleich zu Beginn unserer Ausführungen dem Jünger der Philosophie eine Vorstellung davon geben, eine wie komplizierte Denkerpersönlichkeit P. ist. Ein Eindruck, der sich noch verstärkt, wenn wir die Worte eines Forschers wie Franz Cumont lesen, die ein kaum lösbares Problem andeuten: "If he is Greek in the constructive power of his speculative genius in the harmonious flow of his copious and hightly-coloured style, his genius remained Oriental in the singular combination of the more exact science with a fervent mysticism." Es können daher in diesem Grundriß nur die wesentlichen Züge seiner Philosophie skizziert werden. Vorweg aber sei, um einem Mißverständnis von Praechters klassischen Worten vorzubeugen, nachdrücklich hervorgehoben, daß trotz all dieser Widersprüche durch die Philosophie des P. ein wahrhaft großer Zug geht, so daß diese, trotz mancher Widersprüche im einzelnen, auf das Ganze gesehen, doch eine innerlich durchaus einheitliche, und dabei in wesentlichsten Dingen durchaus originale Weltanschauung darstellt.

Von der Erkenntnislehre des P., die im allgemeinen der altstoischen (von der kataleptischen Vorstellung) entspricht, interessiert uns besonders seine Schrift gegen den Epikureer Zenon von Sidon, in der er dessen Angriffe gegen die Grundvoraussetzungen der Geometrie widerlegt hat. Wie Pohlenz gezeigt hat, ist die altstoische Lehre von den Schlußfiguren unter dem Einfluß des mathematischen Beweisverfahrens (Eukleides) ausgebildet worden, aber „erst P. hat den inneren Zusammenhang zwischen Mathematik und Logik begriffen und ausgewertet". Denn er hat gezeigt, daß mit derselben unmittelbaren Evidenz wie die fünf Schlußfiguren (die „unbeweisbaren" Sätze des Chrysipp) die mathematischen Axiome einleuchten.

Eine andere bedeutsame Erkenntnis des P. betrifft das von der griechischen Wissenschaft seit den Tagen des Alkmaion von Kroton viel erörterte Problem der Unterschiede von Mensch und Tier. Das Tier kann trotz aller ererbten Anlagen nicht denken, d. h. es kann keinerlei Begriffe bilden, überhaupt keine Schlüsse ziehen. Vor allem sind ihm die Begriffe Zahl und Maß und daher auch Harmonie und Ordnung etwas völlig Fremdes. (Es kann daher auch nicht zählen.) —

Während die menschlichen Künste und Wissenschaften sich auf eine Fülle nicht nur von Erfahrungstatsachen, sondern von daraus abgezogenen Begriffen und Schlüssen gründen, zeigen sich an den Instinkten einer Tiergattung keinerlei individuelle Unterschiede und daher keinerlei Entwicklung und von Freiheit und Selbstbestimmung keinerlei Spuren. Es gibt überhaupt keinerlei Betätigungen eines tierischen Einzelwesens, die verschieden wären von den ererbten Instinkten und Gewohnheiten seiner Gattung. Der Mensch dagegen hat dank seiner Vernunft, d. h. seinen logischen Schlußfolgerungen, ganze Systeme von Künsten und Wissenschaften aufgebaut, weil er aus seinen Erfahrungen logische Schlüsse zog, diese mit den Ergebnissen anderer Erfahrungen anderer Individuen verglich und so im Lauf der Jahrtausende einen Schluß an den andern reihend zu ganzen Systemen von Künsten und Wissenschaften gelangt ist. Zu solchem systematischen Denken des Menschengeschlechts zeigt sich beim Tier keinerlei Anlage. So bleibt auch, wie ein moderner Philosoph einmal gesagt hat, der Lebensinhalt eines Schmetterlings vor 22 000 Jahren genau derselbe wie der nach weiteren 22 000.

## Der Kosmos

Die Weltanschauung des P. ist, im Gegensatz zu der rein intellektualistischen Auffassung der Alten Stoa, wie Reinhardt gezeigt hat, durchaus vitalistisch. Daher ist die vis vitalis (=δύναμις ζωτική) der Zentralbegriff seiner gesamten Weltanschauung. Denn das Leben selbst ist für ihn das Urphänomen. Das Leben selber in all seinen Erscheinungsformen, in ihren ursächlichen Zusammenhängen und vor allem in seiner letzten Ursache, dem Urgrund schlechthin, zu begreifen und wieder dessen Auswirkungen im Makro- wie im Mikrokosmos auf allen Gebieten des Seh- und Denkbereiches zu ergründen, das ist das Urmotiv all seines Beobachtens, Denkens und Forschens. Das Aitiologikón (das Ursachensuchende) ist P. als Mann der wahren Wissenschaft und insbesondere aller Arten von Fachwissenschaften, eingeboren; es ist das Urmotiv wissenschaftlichen Denkens überhaupt. Aber die letzte Ursache aller Dinge, die ἀρχή alles Seins und Erkennens zu ergründen, erst dies Verlangen macht den Philosophen aus. Denn er ist ein wirklich selbständiger Forscher auf den Gebieten verschiedenster Fachwissenschaften und ein sie alle überschauender Philosoph in e i n e r Person, wie dies vor ihm Aristoteles, und nur Aristoteles gewesen ist.

Träger des Lebens im Organischen ist die Wärme. Wo aber diese Wärme am reinsten und ungetrübtesten ist, d. h. in der obersten Feuerregion des Himmels, der Fixsternsphäre, da ist das ἡγεμονικόν des Kosmos, d. h. der Logos in seiner reinsten Form. Dieser ist an Wärme und Feuerstoff gebunden (ein πνεῦμα ἔνθερμον καὶ πυρῶδες). Wenn er auch keineswegs das Ergebnis dieses feuerartigen Pneumas ist, so ist er doch stets mit diesem zusammen. Der Logos ist daher die das ganze All durchflutende Urquelle alles Lebens, d. h. die alles Leben erzeugende und gestaltende Urkraft.

Dieser Logos des P. ist also von dem der Alten Stoa (Chrysipp) wesentlich verschieden; denn dieser war nur Vernunft; dagegen der des P. ist zwecktätige Vernunft und alles Leben erzeugende und gestaltende K r a f t zugleich. Denn die Weltanschauung des P. ist durchaus dynamisch. So ist durch P. die rein intellektualistische Welterklärung des Chrysipp vollkommen überwunden, wie sich auch noch auf einem Sondergebiet zeigen wird.

Dieser Logos ist als Urquelle allen Lebens und Seins identisch mit der Gottheit.

Dieser Logos durchdringt in mehr oder weniger reiner Substanz alles auf der Welt. Ist doch dieser Kosmos ein lebendiger, kraft- und geisterfüllter Organismus, in dem alles und alles von Seele erfüllt ist. Insofern kann man die Weltanschauung des P. wohl als eine besondere Form von Panpsychismus bezeichnen. Sind doch nach der Anschauung des P. nicht nur die Planeten (einschließlich Sonne und Mond) lebende, beseelte, ja göttliche Wesen. Auch die Erde ist ein beseelter Organismus wie auch das Meer lebt, nicht nur im Rhythmus seiner Gezeiten wie ein ein- und ausatmendes Wesen, sondern auch durch Auswerfen aller widrigen Stoffe und Dinge. Aber auch die Luft lebt, ja, sie sieht und hört, tönt und bewegt sich mit uns[1]). Dieser Logos offenbart sich im Lauf der Gestirne wie den Bewegungen der Erdoberfläche, sei es durch Erdbeben oder vulkanische Erscheinungen, im Leben der Pflanzen wie der Tiere und im Seelen- und Geistesleben des Menschen.

Mittelpunkt dieses Kosmos ist die kugelförmige, sich täglich um ihre Achse drehende Erde. Um sie kreisen außer den fünf Planeten Sonne und Mond. Die Sonne hat dank ihren Ausstrahlungen eine alle anderen Planeten überragende, sie völlig in den Schatten stellende Bedeutung. In diesem Kosmos offenbart sich eine nur dem geistigen Auge erkennbare überwältigende Harmonie aus den sich widersprechenden Gegensätzen, eine singuläre Gesetzlichkeit und wunderbare Schönheit, in der sich die nach überirdischen Zwecken wirkende und schaffende Weltvernunft offenbart. Und wenn die vier Elemente, wie schon Aristoteles lehrte, miteinander im Gleichgewicht verharren, im Wechsel und Austausch, also die berühmte ἰσότης τῶν στοιχείων wahren, so daß dadurch die Ewigkeit der Welt gewährleistet ist, so, scheint es, hätte auch P. keinen Grund gehabt, an

---

1) Cic., N. D. II 83. Dazu Pohlenz II 107, Reinhardt, Poseidonios 239 f.

dieser zu zweifeln, zumal auch Panaitios wie die alten Peripatiker die Lehre vom einstigen Untergang der Welt im Feuer, d. h. die sog. „Ekpýrosis" verworfen hatte. Aber trotzdem hat P. an dieser festgehalten; die Gründe, die ihn dazu bewogen haben, kann man nur vermuten. Wahrscheinlich hat er das Feuer, zumal wenn er an die Allmacht des Sonnenfeuers dachte, für ein alle anderen Elemente an Urkraft überragendes Element gehalten, so daß durch dessen allmähliches Obsiegen die Welt eines Tages in Feuer aufgehen würde. Er hat daher auch, wie die Alte Stoa, an Weltperioden geglaubt.

Es hängen aber — wie wäre sonst eine wirkliche Einheit der Welt denkbar — alle Dinge dieser Welt miteinander zusammen, sowohl körperlich — daher leugnen die Stoiker den leeren Raum — wie auch innerlich, d. h. ursächlich. Sie stehen daher irgendwie in Wechselwirkung miteinander. Dies ist die stoische Grundlehre von der συμπάθεια τῶν ὅλων, wonach nichts für sich allein besteht, sondern alle Dinge direkt oder indirekt miteinander in e i n e m ursächlichen Zusammenhang stehen, so daß sich hieraus die Anschauung einer unabsehbaren Kette von Ursachen ergibt. Wir werden später sehen, daß gerade für P. diese Anschauung von grundlegender Bedeutung ist.

Im Zusammenhang mit dieser Grundanschauung hat P. bei seiner universalen Schau über alle Arten von Lebewesen, von den niedersten bis zu den höchsten, eine großartige, durchaus originale, ja geniale Idee gefaßt: die von dem S y n d e s m o s a l l e r D i n g e, d. h. die Idee von einem stufenweisen Aufstieg der niedersten Naturdinge bis zur höchsten geistigen Macht. Die bekannte Stelle in Platons „Timaios"[1]) ist in Wahrheit zur Genesis dieser grandiosen Idee doch nur von relativ untergeordneter Bedeutung. Wesentlich anders verhält es sich mit zwei Äußerungen des Aristoteles[2]), an denen dieser von einem allmählichen Aufstieg von unbeseelten Naturdingen (d. h. den Steinen) zu den Lebewesen spricht. Hier liegt freilich ein solcher Gedanke eines allmählichen Aufstieges (durch Zwischenformen vom

---

[1]) 31 BC. Anders Jaeger, Nemesios S. 101.
[2]) De part. an. IV 5. 681 a 10 ff. Hist. an. VIII 1, 588 b 4 ff.

Beseelten zum Unbeseelten) vor. Aber Aristoteles verfolgt diesen Aufstieg an beiden Stellen nur vom Stein bis zum Tier, und ganz fern liegt ihm der Leitgedanke des P., der aus der Stufenfolge vom Niedrigsten bis zum Allerhöchsten, d. h. bis zur Gottheit, die Einheit des Kosmos folgert, so daß durch diese Stufenfolge der Dualismus zwischen Natur und Geist im Sinne eines das ganze All beherrschenden Monismus überwunden wird. Denn vom Stein, wie der Magnet mit seiner Anziehungskraft zeigt, ist der Übergang zur Pflanze nur ein Schritt, und von der Pflanze durch das Zwischenglied der „Zoophyten" (jener Meeresgebilde, die halb Pflanze, halb Tier sind, wie die Seeanemone oder die Schwämme) bis zu den Tieren ebenfalls nur ein solcher und von diesen in ihren höheren Gattungen, die schon Spuren von einer Art Intelligenz zeigen, bis zum Menschen, wenn auch durch vielerlei Zwischenstufen, wieder ein solcher. Der Mensch aber steht in der Mitte zwischen Tier und Gott auf der Grenzscheide. Ist doch der Mensch durch seinen Logos nicht nur der Weltvernunft, d. h. der Gottheit, ähnlich, sondern ihr aufs engste verwandt und je intensiver und angelegentlicher in seinem leiblich-seelischen Dasein er sich der Gottheit nähert, desto geringer wird die Kluft zwischen ihm und dieser. Ja, in den Heroen und Dämonen mag sich sogar noch eine besondere Zwischenstufe zwischen Mensch und Gott offenbaren.

Unter dieser großen Perspektive sind alle Gegensätze in einer höchsten Harmonie aufgelöst, wobei P. der Gedanke der heraklitischen Harmonie des Alls aus den Gegensätzen ebenso wie die Mikro- und Makrokosmoslehre des Demokrit Anregungen gegeben haben mag. Aber der großartige Gedanke, über all diese Dualisten (einen Platon und Aristoteles) hinweg, das Weltganze als eine große Einheit, im Sinne eines, man möchte fast sagen überbegrifflichen, Monismus, aufzufassen, ist keinem seiner Vorgänger auch nur ahnungsweise gekommen.

Durch diese geniale Idee des „Syndesmos" ist nicht nur die Kluft zwischen Organischem und Anorganischem überwunden, sondern auch die Kluft zwischen Vernunftlosem und Vernünftigem, ja, sogar die zwischen

Mensch und Gott. Aus philosophiehistorischen Gründen muß angesichts dieser großartigen Idee des P. darauf hingewiesen werden, daß er, wie seit Jägers Entdeckung allgemein anerkannt ist, dadurch der Wegbereiter des Neuplatonismus geworden ist[1]). So offenbart sich P. der Tiefsinn des Logos, der mit der Gottheit identisch ist, in einer einzigartigen großen Intuition. Der Logos ist ja zugleich zwecksetzende Vernunft, wie ja überhaupt die stoische Weltanschauung durchaus teleologisch ist. Der Logos ist daher — unter diesem Gesichtspunkt gesehen — die „Vorsehung“ (Prónoia), die alles zum Besten, d. h. zur Erhaltung und zum Gedeihen des Weltganzen lenkt. Schon insofern ist die stoische, wie insbesondere die Anschauung des P., durchaus optimistisch. Diese Anschauung war aber nicht nur durch Epikur, sondern vor allem durch Karneades auf das schärfste bekämpft, so daß gerade P. alle Ursache hatte, eine Rechtfertigung der Gottheit gegenüber allem — wirklichen oder vermeintlichen — Übel im Leben des Makro- wie des Mikrokosmos zu unternehmen, d. h. eine sog. Theodizee.

Angesichts des vielfachen Versagens unserer Quellen können wir diese freilich nur in ihren Grundzügen kennzeichnen[2]). Wir unterscheiden bei P. ethisch-religiöse und rein wissenschaftliche Gesichtspunkte gegenüber diesem Problem, das die Menschheit seit den Tagen Homers bis heute beschäftigt hat. So erfahren wir aus unseren Quellen und deren philologisch-historischer Analyse, daß P. das Übel, das die Bösen trifft, für eine Strafe der Vorsehung erklärt hat. Wie es denn überhaupt seine Meinung war, daß die Gottheit, d. h. die Vorsehung, den Menschen manche Übel als abschreckendes Beispiel zu ihrer Besserung sendet. Besonders charakteristisch ist aber für seine Denkweise die Überzeugung, daß die Vorsehung eines Tages Sintflut wie Weltbrand heraufführt, um die Schlechtigkeit auf Erden zu tilgen und danach ein neues reineres Geschlecht erstehen

---

[1]) Wie schon Jäger betont und nach ihm sein Schüler Willy Theiler des näheren nachgewiesen hat.

[2]) Vgl. des näheren meine Untersuchung „Zur antiken Theodizee“, Archiv f. Gesch. d. Philosophie XX (1907) S. 173—95.

zu lassen, in einem Zeitpunkt, wo sich nach unendlichen Zeiträumen wieder einmal die Planeten und Sternbilder in einer ganz bestimmten Konstellation befinden. Wenn er aber der Gottheit ein solches Motiv für ihr Weltgericht zutraut, so darf man hieraus wohl schließen, daß sein Urteil über den moralischen Zustand der Menschheit seiner Zeit (der römischen Bürgerkriege und Revolutionen) durchaus pessimistisch gewesen ist. Diese Annahme gewinnt noch dadurch an Wahrscheinlichkeit, daß schon Panaitios eine stark pessimistische Anschauung von den Menschen seiner Zeit gehabt hat.

Durch die scharfen Angriffe eines Karneades sah sich der Physiker[1]) P. gezwungen, ein erhebliches Zugeständnis gegenüber der mechanischen, d. h. rein naturwissenschaftlichen Auffassung der Gegner zu machen (worin ihm freilich Chrysipp schon vorangegangen war): er mußte zugeben, daß manche Übel, die nicht nur den einzelnen, sondern unter Umständen ganze Städte und Landschaften oder gar ganze Völker heimsuchen, nur „unbeabsichtigte Nebenfolgen" (Parakoluthémeta) der Vorsehung sind; denn diese kann ihr Walten nur auf die Wohlfahrt des Weltganzen richten, der sich das einzelne unterordnen muß. Für katastrophale Naturereignisse wie Wolkenbrüche, Erdbeben oder Vulkanausbrüche, die unter der Menschheit Verheerungen anrichten, kann man daher der Gottheit keine Vorwürfe machen. Denn es sind das eben nur Nebenfolgen von Maßnahmen der Vorsehung, die zur Erhaltung des Weltganzen notwendig sind. Denn sie sind nur Nebenfolgen des Wandels der Elemente. Dieser aber ist zur Erhaltung des Ganzen unerläßlich. Denn ohne solchen Wandel würde ja alle Bewegung und alles Leben aufhören.

Hiermit hat P. eine bewußte (und gewollte) Einwirkung der Vorsehung auf alles e i n z e l n e Geschehen in Natur und Menschenleben aufgegeben. Damit hat er aber zugleich, zum mindesten objektiv, eine Grenze der göttlichen Allmacht anerkannt, die noch die Alte Stoa behauptet hatte. Und doch erleben wir in seiner Auf-

---

[1]) Das Wort in antikem Sinne, wonach es nicht nur den Naturforscher überhaupt, sondern zugleich den Naturphilosophen bedeutet.

fassung vom Walten der Vorsehung einen merkwürdigen Widerspruch, in dem sich das wissenschaftliche und das religiöse Urmotiv seines Wesens durchkreuzen. Wir haben nämlich in unseren (auf P. zurückgehenden) Quellen zwei Spuren seiner Neigung, in außerordentlichen Fällen ein plötzliches, sichtbares Eingreifen der Vorsehung in den Gang der Erdendinge anzunehmen, das in Wahrheit dem natürlichen Lauf der Dinge widerstreitet: das eine Mal von der wunderbaren Rettung der „Frommen" (Εὐσεβεῖς), der beiden Jünglinge, die ihre alten Eltern, die von zwei Armen des Lavastromes am Ätna eingeschlossen waren, infolge gottgefügter Teilung des einen dieser Stromarme auf ihren Schultern retten konnten; das andere Mal bei rächender Bestrafung der drei Tempelräuber, die die Schätze von Delphi geplündert hatten. Auch hier hat augenscheinlich P. an ein Wunder geglaubt.

Anderer Art sind die Probleme der Theodizee, die sich auf die Menschenwelt erstrecken. Besonders schwierig war hier für ihn die Frage nach dem Ursprung des sittlichen Übels. So nahe es lag, dies gerade bei Anerkennung der menschlichen Willensfreiheit ausschließlich auf die Übeltäter, überhaupt auf die schlechten Menschen selber zurückzuführen, so war doch dieser Ausweg angesichts des strengen Determinismus der Stoa — wonach auch alles menschliche Ergehen und Handeln durch eine unabsehbare Kette von Ursachen schon von Ewigkeit her bestimmt ist — nicht möglich. Wie sich P. gegenüber diesem Dilemma gestellt hat, entzieht sich freilich unserer Kenntnis, weil hierüber die Quellen schweigen.

Mit diesen Lehren über wirkliche und nur scheinbare Übel ist die stoische Theodizee nicht erschöpft. Denn da nach stoischer Lehre (so schon Zenon) der Kosmos ein beseeltes, denkfähiges und vernünftiges Lebewesen ist, waren die Stoiker gezwungen, überhaupt alles (wirkliche oder scheinbare) Sinn- und Zwecklose in der Natur zu rechtfertigen, vor allem aber drei Tatsachen: die leibliche Ausstattung des Menschen, die Existenz mancher verderblicher oder doch völlig unnützer oder gar ekelhafter Tiere, wie andererseits die giftiger Pflanzen, aber auch manche Vorgänge und Erscheinungen in der anorganischen Natur, die in der Welt des Organischen oft so schweres Unheil, ja völlige Zerstörungen anrichten. Denn hier war eine teleologische Erklärung angesichts einer allweisen und allmächtigen Vorsehung oft völlig unmöglich, so daß man sich auch hier vielfach mit der Erklärung behalf, es seien nur Nebenfolgen der Wandlung der Elemente.

Die geschichtliche Nachwirkung der stoischen Theodizee, d. h. der Theodizee des P. wie überhaupt der teleologischen Weltansicht der Stoa ist trotz ihrer Schwäche sehr bedeutend gewesen. Zunächst auf den Juden Philo, vor allem aber den Neuplatonismus und ganz besonders auf das alte und mittelalterliche Christentum.

## Der Mensch

Wir haben nicht nur gesehen, welch einzigartige Stellung Aristoteles und ebenso Panaitios dem Menschen in diesem Kosmos zugewiesen haben, sondern auch welch singuläre Stellung P. diesem auf Grund seiner „Syndesmos-Theorie" vom stufenweisen Aufstieg aller Lebewesen vom niedersten bis zum höchsten als dem Mittelwesen zwischen Tier und Gott gegeben hat. Wir werden hiernach auf seine weitere Lehre vom Menschen gespannt sein dürfen. Wir beginnen mit der Seite seines Wesens, durch die er mit dem Tier Gemeinsames hat, d. h. mit der sog. Affektenlehre[1]). Wir haben die rein intellektualistische Auffassung des Chrysipp von den „Affekten" kennengelernt, der diese nur auf falsche Urteile des Logos zurückführen wollte und im Gegensatz zu Zeno alle irrationalen Kräfte der Seele hartnäckig leugnete. Für P. war es als Jünger Platons, aber auch auf Grund der elementarsten Empirie und eigener Selbstbeobachtung, d. h. einfach evidenter seelischer Tatsachen ein Leichtes, nicht nur die Existenz und die Auswirkung irrationaler Kräfte der Seele als wirklich zu erweisen, sondern auch mit Platon drei, wenn auch nicht „Teile" der Seele, so doch drei Seelenvermögen[2]) als

---

[1]) Ich behalte kürzehalber hier diesen Ausdruck bei, verweise aber auf meine kritische Bemerkung S. 55.

[2]) δυνάμεις.

Grundlage aller Psychologie anzunehmen, wonach neben dem Logos zwei irrationale Vermögen, das „Begehrende" und das „Mutartige" (θυμοειδές) in jeder Menschenseele vorhanden sind. Er hatte auch beobachtet, daß der Mensch es in vielen Fällen in seiner Hand hat, die Wirkung eines starken Affektes dadurch abzuschwächen, daß er sich v o r einem ihm drohenden oder ihn stark beunruhigenden künftigen Ereignis dieses in seiner Phantasie im einzelnen ausmalt[1]).

Chrysipp hatte auch den (höheren) Tieren und sogar Kindern jeden Affekt abgesprochen, was P. mühelos auf Grund der empirischen Psychologie widerlegt. In welche Aporien Chrysipp bei seiner rein intellektualistischen Auffassung des Seelenlebens geriet, so daß er selber seine Aporie eingestehen mußte, das konnte P. schon durch ein ganz bestimmtes Argument erweisen: Chrysipp kann überhaupt nicht den Ursprung sittlicher Schlechtigkeit erklären. —

Um so feiner und treffender ist P.'s eigene Erklärung des Ursprungs menschlicher Schlechtigkeit. Von außen, d. h. durch andere Menschen, kann sie nur dann im Menschen Wurzel fassen, wenn solche gefährliche Lockungen infolge lasterhafter Veranlagung einen Widerhall in der menschlichen Seele finden, wodurch sie sich dann weiter entwickeln können. Denn in uns selber liegt das „Samenkorn der Schlechtigkeit"[2]) d. h. wenn der Mensch infolge seiner Naturanlage eine gewisse Empfänglichkeit für solche Lockungen und Verführungen besitzt, d. h. wenn er „von Hause aus" dazu neigt. Eine solche in sittlicher Hinsicht nicht immune Veranlagung aber führt P. auf psychophysische Ursachen zurück, nämlich „auf eine unglückliche Mischung der Elemente" in seinem Blut, die bei jedem Menschen verschieden ist, nicht etwa nur bei den Menschen verschiedener geographischer Breiten. Gegen solche angeborene Inklination hat aber der Mensch die Pflicht, auf Grund seines Logos unter Beistand des „Mutartigen" (d. h. des Willens) anzu-

---

[1]) ἀναζωγράφησις . . . Galen 477. P. gebraucht hierfür auch den Ausdruck προενδημεῖν.

[2]) Vgl. die Stelle bei Galen „daß infolge der Mischungen des Körpers" usw. bei Pohlenz Diss. S. 620 und S. 581 f.

kämpfen. Vor allem ist es die Aufgabe schon der Jugenderziehung, in dem Kinde hierauf einzuwirken. Hierbei hat P. nachdrücklich auf die von Platon im „Staat" vorgeschriebene Erziehung des Kindes hingewiesen.

Über das maßgebende Seelenvermögen des Menschen, den Logos, durch den er sich von allen anderen Kreaturen nicht nur unterscheidet, sondern zum Herren über sie alle wird, haben wir schon vorhin[1]) des näheren gesprochen, so daß wir jetzt zu der allgemeinen Anschauung des P. von der menschlichen Seele übergehen können, die ihn von einer ganz anderen, ja, völlig unerwarteten Seite zeigt.

## Der Mystiker

Wenn uns auch von den einschlägigen Schriften des P. nur verhältnismäßig wenige Fragmente im Wortlaut erhalten sind, so können wir doch auf Grund der Angaben späterer Autoren, die — wie Cicero, Varro, Strabo und Galen und gewisse Kirchenväter — viele Schriften des P. noch selber hatten und genau gelesen haben und ihn daher auch oft zitieren oder seine Werke oft schweigend und massenhaft benutzen, dank der Poseidonios-Forschung des letzten halben Jahrhunderts mit Sicherheit sagen, daß P. über die Seele — und auf diese kommt es hier vor allem an — ganz im Gegensatz zu seinem „Lehrer" Panaitios, aber zum Teil stark durch Platon, insbesondere dessen „Timaios", beeinflußt — folgendes gelehrt hat. Die Seele des Menschen, d. h. dessen Geist (νοῦς), hat schon vor ihrem Erdenleben existiert und lebt auch nach dessen Tode, wenn auch nur bis zum Weltbrande, wirklich weiter. Sie hat ihren Ursprung von der Sonne genommen. Strömt doch die Sonne nicht nur Licht und Wärme, sondern auch Seelen aus: die Seele selbst ist ja ein feuriger Hauch (der noch seine Abkunft von der Sonne verrät). Solche Seelen, die wir uns als Funken oder Strahlen denken und nach stoischer Ansicht wie auch der des P. nicht völlig immateriell vorstellen dürfen, schweben zunächst durch die reine

[1]) Vgl. oben S. 59.

Ätherregion bis zum Monde hinab, der die Grenze zwischen der himmlischen, keinerlei Sterben ausgesetzten Region und der Sphäre des Werdens und Vergehens, d. h. der zwischen Mond und Erde bildet. In der Gegend unter dem Monde verweilen sie wegen der Reinheit der Luft längere Zeit und ernähren sich aus der Ausdünstung von der Erde wie dies auch die übrigen Gestirne tun, um ihre Natur an die feuchtere und dickere Luft zu gewöhnen. Danach gehen sie, jede für sich, in einen sterblichen menschlichen Leib ein, der erst durch sie Leben und Kraft erhält, überhaupt erst durch sie zusammengehalten und regiert wird. Durch die Verbindung mit dem Leibe sind aber mit der reinen Denkkraft die beiden anderen Seelenvermögen, das „Begehrende" und das „Mutartige" verbunden und bilden zusammen mit jener während des ganzen Erdenlebens eine unlösliche Einheit. Wie sich aber während dieser Zeit der Geist (νοῦς) mit den beiden irrationalen Vermögen verträgt, d. h. ob er seine Herrschaft über sie behauptet oder nicht, das hängt von der Physis, d. h. der eigentümlichen Natur des einzelnen Menschen ab. Davon aber, wie der Mensch hier auf Erden in seinem Leibesleben in sittlicher Hinsicht gelebt hat, ob er stets dem Logos gefolgt oder öfter den beiden anderen Seelenvermögen, zumal dem „Begehrenden", d. h. der Sinnlichkeit, zum Opfer gefallen ist, davon hängt die Art ihrer Himmelfahrt und insbesondere die Art ihrer Läuterung ab. Aber den Seelen der Weisen, Guten, auch den um das Vaterland hochverdienten Männern, wird die Heimkehr zur Sonne leicht und schön.

Nach dem Tode schwebt die Seele, ganz vom Leibe befreit, also wieder reine Denkkraft geworden, zum Monde empor, wo sie jedoch eine längere Zeit der Läuterung (Katharsis), ein P u r g a t o r i u m, durchmachen muß. Sie weilt hier eine lange Zeit, wobei sich ihre psychophysische Existenz, ihre Substanz sozusagen, in der hier schon viel reineren, dem Äther nahen, leichten Atmosphäre in einer Art gleichgewichtigen Schwebezustandes befindet. Ihre beiden irdischen Schicksalsgenossen sind schon mit dem leiblichen Tode von ihr abgesunken und vergangen.

Nach Beendigung ihrer Läuterung, von allen Fesseln des Leibes befreit, nur noch reiner Geist, genießt sie hier die Seligkeit des Schauens und streben dann wieder zu ihrer Urheimat, der Sonne, empor und werden wieder eins mit ihr.

Aber hiermit ist die mystische Lehre des P. von der Seele noch nicht erschöpft. Denn nach P. ist die Luft überhaupt voll von unsterblichen Geistern, die völlig körperlos, also auch ohne jedes körperliche Sinnesorgan, Erkenntnis haben und miteinander ohne irgendein sprachliches Organ in geistigem Verkehr stehen (P. scheint dies nicht unglaublicher als unsere alltägliche Erfahrung, daß ein Gedanke unserer Seele den ganzen körperlichen Organismus in Bewegung setzt und lenkt). Diese Geister treten aber auch mit den Seelen lebender Menschen (z. B. im Traum) in Verbindung und setzen sie in Bewegung. (Man darf wohl annehmen, daß P. die Seelen der Verstorbenen als solche Geister aufgefaßt und mit Dämonen oder Heroen identifiziert hat, wie er denn ein Buch „Von Dämonen und Heroen" verfaßt hat, von dem uns aber nicht viel mehr als der Titel erhalten ist.

Ähnliche Lehren sind in der griechischen Philosophie vor P. niemals verkündet worden, und sie berühren so ungriechisch, daß man nicht ohne Grund hier Einflüsse orientalischer mystischer Anschauungen festgestellt hat. Es gibt aber auch zu denken, wenn ein so tiefgründiger Forscher wie Pohlenz im Hinblick auf diese Lehre gesagt hat [1]: „Man kann zweifeln, ob P. diese Theorie (vom Ursprung und Schicksal der Seelen) für wissenschaftlich erweisbar hielt oder ob sie nur einem Glaubensbedürfnis genügen sollte." (Mir persönlich erscheint die erstere Möglichkeit völlig ausgeschlossen.) Das aber ist sicher, daß er eine „leibfreie Existenz" dieser Geister und ihre Verständigung untereinander sowie ihre Einwirkung auf die Seelen der lebenden Menschen angenommen hat. Anschauungen, die in der Geschichte der ganzen griechischen Philosophie unerhört sind und sich nicht einfach durch platonische Einflüsse, auch nicht

[1]) Stoa I 230.

durch die seines „Timaios“ erklären lassen, am allerwenigsten aber die Herkunft der Seelen aus der Sonne. Es scheint auch, daß P. mit seiner Lehre von den Geistern in der Luft atavistische Anschauungen einer grauen Vorzeit, die noch in niederen Schichten des Volkes fortleben mochten, übernommen und verwertet hat.

Um den nötigen historisch-kritischen Abstand von diesen Lehren zu gewinnen, ist es für den Jünger der Philosophie nicht ohne Nutzen, wenn er sich dessen erinnert, was ein Philosoph wie Friedrich Paulsen (der freilich von P. noch nichts wissen konnte, da dieser für die Wissenschaft erst kurz vor 1900 wirklich entdeckt worden ist) im Jahre 1898 gesagt hat[1]): „Der Glaube an Götter und Dämonen, die als Einzelwesen irgendwo existiert haben und durch gelegentliche Eingriffe den kausalen Zusammenhang des Naturlaufes unterbrechen, ist im Aussterben begriffen und wird nicht wieder lebendig werden, es sei denn, daß Wissenschaft und Philosophie im Abendlande wieder erlöschen.“

Aber ebenso befremdlich ist des P. Lehre von der sog. Mantik, d.h. der Weissagekunst, der er ein Werk von fünf Büchern gewidmet hat, das Cicero in seinem Werk De Divinatione in zwei Büchern auf das stärkste benutzt hat. Ubrigens hatte schon Chrysipp, der zweite Grunder der Stoa, ein Werk über die Mantik in zwei Büchern verfaßt, auch Zenon und Kleanthes hatten sie ernst genommen. Um aber P.'s Verteidigung der Mantik und ihre Entwicklung zu einem ganzen System von vornherein in dem rechten Licht zu sehen, tut man gut, sich eines Wortes von Wilamowitz zu erinnern, das dieser in seinem letzten Werk[2]) vom dritten vorchristlichen Jahrhundert überhaupt gesagt hat: „Im Ganzen herrscht die Abwendung von aller Mystik durchaus“ und „es will in die Zeit nicht mehr passen, daß Philochoros als Seher und Zeichendeuter eine politische Rolle spielt.“ Und ebenso treffend sagt Wilamowitz[3]): wenn sich auch „dieser Glaube (des P.) in die großartige Auf-

---

[1]) Einleitung in die Philosophie[5], S. 7.
[2]) Glaube der Hellenen II S. 321.
[3]) Glaube der Hellenen II 410.

fassung der allgemeinen Sympathie im Kosmos fügt... praktisch läuft es doch auf den Aberglauben des Chrysipp hinaus."

Diese Mantik, die, in ein ebenso künstliches wie scharfsinniges System gebracht, das „Vorhersagen und Vorherwissen von den Dingen ist, die als zufällig gelten", spielt in der Geschichte der Stoa eine merkwürdige Rolle. Schon Chrysipp hat zwei Bücher darüber geschrieben. Wenn aber ein Poseidonios ein solches von fünf Büchern darüber verfaßt hat, so kann schon diese Tatsache zeigen, wie wichtig ihm diese Probleme im Zusammenhang mit seiner ganzen Weltanschauung gewesen sind. Da Cicero notorisch in dem ersten Buch seines Werkes De divinatione das große Werk des P. ausgiebig benutzt hat und im zweiten Buch eine eingehende Widerlegung dieser Lehren (in der Hauptsache auf Grund neuakademischer Quellen) hat folgen lassen, können wir uns in allem Wesentlichen ein Bild von der Mantik des P. machen, das hier natürlich nur in seinen Grundzügen skizziert werden kann. Vorweg aber sei gesagt, was denn P. mit diesem Werk beabsichtigt. Er unternimmt es allen Ernstes, die ganze Lehre von der Mantik mit all ihren Einzelfragen wie auch mit ihrer Verflechtung in seine gesamte Weltanschauung wissenschaftlich als ein großartiges, in sich völlig konsequent ausgebildetes und auf Erfahrung und Geschichte begründetes System zu erweisen. Er geht dabei von der stoischen Grundlehre von der Vorsehung aus. Diese Vorsehung — das liegt in ihrem Wesen — ist von dauernder Fürsorge gerade für das Menschengeschlecht erfüllt, und zwar, wie P. im Gegensatz zu Panaitios lehrt, nicht nur für das Wohl der Gesamtheit, sondern auch für das Wohl des einzelnen. Da sie aber allmächtig und allwissend ist, gibt sie dem Menschen auch Vorzeichen von den künftigen Dingen. Wie diese Zeichen zu verstehen sind, davon hat sich auf Grund jahrtausendealter Erfahrungen eine ganze „Wissenschaft" gebildet. Dem Menschen werden diese Zeichen auf doppelte Weise kund. P. unterscheidet nämlich eine natürliche und eine künstliche Mantik. Unter der natürlichen versteht er die Vorhersagen in der Ekstase (z. B. der Pythia und der Sibylle) und durch die Träume des Menschen. Zu der künstlichen rechnet er vor allem die Vorhersagen auf Grund der etruskisch-babylonischen Haruspizin, d. h. der Eingeweideschau an Opfertieren, ferner die Auspizien (die Deutungen des Vogelfluges), sodann die ostenta (gewisse Wunderzeichen im Naturgeschehen) und nicht zuletzt die auf Grund der Stellung der Planeten und Sternbilder in der Geburtsstunde jedes einzelnen Menschen, d. h. der babylonischen Astrologie, von der er ein überzeugter Anhänger gewesen ist, obgleich diese Panaitios auf Grund der unwiderleglichen Argumente des Karneades aufs schärfste verworfen hatte. (Es ist bezeichnend, daß Panaitios, der einzige Stoiker, der die Astrologie verworfen hat, ein reiner Hellene gewesen ist, während alle anderen Stoiker, die die Astrologie anerkannten, aus dem Orient stammen.)

P. unterscheidet drei Arten von Traumbildern: diejenigen, die der Geist des Menschen aus sich selber sieht, weil er mit den Göttern verwandt ist; die zweite Art auf Grund der „Tatsachen", daß die Luft voll von unsterblichen Seelen ist, in denen „gleichsam urkundliche Offenbarungen der Wahrheit zur Erscheinung kommen", und drittens solche, die darauf beruhen, daß sich die Götter selber mit dem Schlafenden unterreden. P. ist nämlich überzeugt, daß die Seele des Menschen, je mehr sie sich vom Körper frei macht — dies geschieht nach seiner Meinung bereits im Schlaf —, um so mehr für Erkenntnis des göttlichen Willens empfänglich wird. Daher nimmt er auch — auf Grund uralten Aberglaubens — an, daß Sterbende unmittelbar vor ihrem Tode, da sich ja dann die Seele schon vom Leibe zu lösen im Begriff ist, die Gabe der Weissagung in erhöhtem Grade besitzen. Er glaubt aber auch, daß die Seelen der Schlafenden (im Traum) nicht nur mit der Gottheit, sondern auch mit den zahllosen, die Luft erfüllenden Geistern in Verbindung treten, wie überhaupt, daß eine völlige „Sympathie" der menschlichen Seele mit dem Allgeschehen, d. h. mit dem Weltgeist, wie auch mit den einzelnen Geistern (wohl den Seelen der Verstorbenen) besteht. Er geht in seiner Grundlehre von der Sympathie aller Dinge sogar soweit, daß er nicht nur in den Gezeiten des Ozeans einen inneren Zusammenhang mit dem Monde erkennt, sondern auch ein Wachsen und Schwinden der Schaltiere des Meeres nach dem Wachsen und Schwinden des Mondes annimmt, das sogar in dem Wachsen und Schwinden der Mäuseleber erkennbar sei.

Am anstößigsten aber ist dem Modernen — darin hat Wilamowitz völlig recht[1] —, daß „ein Mann von solchem Range“ die etruskische Haruspizin als völlig auf Tatsachen und tatsächlichen Zusammenhängen beruhend angenommen hat, worauf freilich schon einer seiner späteren Gegner schneidend erwidert hat: „dum haruspicinam veram esse vultis, physiologiam totam pervertitis.“[2]

Er ist aber in Ausdeutung dieser — insbesondere des Brauches, aus dem Befund an der Leber des Opfertieres günstige oder ungünstige Vorzeichen ergründen zu wollen — soweit gegangen, daß er behauptete[3]: „Zur Auswahl des Opfertieres kann eine gewisse beseelte Kraft Anleitung geben, die das ganze Weltall durchdringt, und es kann gerade in dem Augenblick, wo man opfern will, eine Veränderung der Eingeweide stattfinden, so daß ein Stück fehlt oder hinzukommt. Denn die Natur fügt durch Kleinigkeiten vieles hinzu oder verändert oder vermindert es.“ — Hier wird also von ihm unzweifelhaft ein wirkliches Wunder im Moment des Opferns angenommen, worauf freilich der Gegner dieser ganzen Lehre bei Cicero im zweiten Buch kurz und grob erwidert: „Das glauben ja nicht einmal alte Weiber.“

Diese „Theorie“ des P. wurde freilich durch die stoische Lehre von einer unendlichen Ursachenkette des Fatums und im Zusammenhange mit der Grundlehre vom Zusammenhang aller Dinge begünstigt. Wir aber fragen uns angesichts seiner ganzen Lehre von der Mantik als einer wissenschaftlich ernst zu nehmenden Disziplin: Wo bleibt denn da das an ihm sonst mit Recht so viel gerühmte αἰτιολογικὸν καὶ Ἀριστοτελίζον?[4]

---

[1] Glaube der Hellenen II 410.

[2] „Wenn ihr behauptet, daß die Eingeweideschau auf Wahrheit beruht, dann stürzt ihr die ganze Naturwissenschaft um!“ (Cic. de div. II 37)

[3] Cic. div. I 118 f. sowie II 35, dazu Reinhardt, P. 443.

[4] Der Drang zu unbefangener Ergründung der Ursachen und die aristotelische Methode.

Das gilt noch mehr von seiner Übernahme der babylonischen Astrologie, die freilich dem Fatalismus der stoischen Lehre sehr zu statten kam. Wir aber fragen uns eingedenk der entgegengesetzten Anschauung des Panaitios, der angeblich ein „Lehrer" des P. gewesen ist: „Wie war eine solche Haltung dieses großen Geistes möglich?" Die Antwort, soweit wir eine solche überhaupt geben können, kann darauf nur lauten: sie liegt letzten Endes in dem zweiten folgenschweren Grundzug der eigensten Natur des Mannes: in dem religiösen ihm offenbar angeborenen Grundzug seines Wesens, der ihn bis zu einer quasi systematischen Mystik und sogar zum Wunderglauben geführt hat.

Wie folgenschwer dieser Standpunkt des P. gewesen ist, obgleich ihn später sowohl das Christentum wie der Islam durchaus abgelehnt haben, das mag ein Wort von Franz Boll, dem größten Erforscher der hellenistischen Astrologie im letzten halben Jahrhundert, kennzeichnen: „Im Anfang des 1. Jahrh. v. Chr. steht in P., dem großen Stoiker, die Astrologie auf der Höhe der damaligen Wissenschaft".

Um so größer ist unsere Genugtuung, wenn wir im ersten und zweiten Jahrh. n. Chr. bei dem ausgezeichneten Künder stoischer Weltanschauung, dem Phryger Epiktet, und ein halbes Jahrhundert nach ihm bei Kaiser Marc Aurel keine Spur des astrologischen Wahnglaubens finden.

## Die Ethik

Die ethischen Grundgedanken des P. können wir auf Grund der modernen Quellenforschungen mit völliger Sicherheit erkennen, wenn wir auch von dem Inhalt seiner Schriften „Über die Pflichten" und „Über die Tugenden" im einzelnen nur wenig wissen. — Bei P.' Grundauffassung von der Doppelnatur des Menschen — der tierischen und der göttlichen — ist es von vornherein klar, daß der Mensch seiner wahren Bestimmung gemäß in seinem Denken und Handeln durchaus dem Logos folgen und alles andere (im Bereich des Sinnlich-Tierischen Liegende) in sich völlig überwinden muß. „Die Ursache aller Irrungen, d. h. des widerspruchsvollen und unseligen Lebens ist es, wenn die Menschen nicht in allem dem Dämon in ihrer Brust folgen, der mit dem das ganze Weltall durchwaltenden Geist verwandt ist und dieselbe Natur hat wie dieser, sondern dem Schlechteren und Tierartigen erliegen und sich von ihm fortreißen lassen. Denn die erste Grundforderung ist die, sich in keinem Punkt von den vernunftlosen, unseligen und gottlosen Trieben der Seele verleiten zu lassen"[1]. — Denn auf die völlige Harmonie unseres inneren Menschen, d. h. des guten Dämons in uns, mit dem Willen des Weltenlenkers kommt alles an; hierauf allein beruht unsere wahre Glückseligkeit. Zwar reicht die Tugend, d. h. die wahre Sittlichkeit — darin stimmt P. mit Panaitios und Aristoteles überein — nicht völlig zur irdischen Glückseligkeit aus; dazu ist auch Gesundheit, Kraft und Gunst der äußeren Lebensumstände erforderlich. Aber diese Güter haben doch nur relativen Wert.

Aber das Hochziel des Menschen (Telos) enthält noch andere, ebenfalls kosmisch orientierte Ziele. Denn der Mensch ist seiner geistigen Natur und schon seinem aufrechten Körperbau nach zur Schau der Wirklichkeit und der Ordnung des Weltganzen, wie sie sich schon im nächtlichen Sternenhimmel offenbart, bestimmt — denn diese ist die erste Ursache aller Philosophie und Religion — und dazu, diese kosmische Harmonie an seinem Teil nach Möglichkeit mit zu verwirklichen[2].

Charakteristisch für die Ethik des P. ist auch seine Rangordnung der Pflichten: an erster Stelle stehen die gegen die Gottheit, an zweiter die gegen das Vaterland (diese Formulierung dürfte allerdings erst Ciceronisch[3] sein; P. hat sicher nur gesagt: gegen die menschliche Gemeinschaft) und drittens die gegen die Eltern (hier kommt einmal, was in der Stoa, abgesehen von Antipater und Musonius sonst kaum vorkommt, auch ein familiäres Moment zur Geltung). Wichtig ist aber hier der Vorrang der Sozialethik vor der des Indivi-

---

[1] P. bei Galen a. O. 469 f.
[2] Clem. Al. Strom. II 129. Vgl. Pohlenz, Stoa II 121.
[3] De off. I 160.

duums. Denn jede Pflicht, die sich auf die Gemeinschaft der Menschen und auf die Erhaltung der menschlichen Gesellschaft erstreckt, muß den Vorrang vor der Pflicht gegen die Wissenschaft und Erkenntnis haben — auch dieser Satz ist im Sinne des P. zweifellos cum grano salis zu verstehen, zumal was seine praktische Anwendung betrifft.

Von besonderer Bedeutung ist in diesem Lebensideal des P., wie Pohlenz mit Recht hervorgehoben hat, daß er das Ideal des vollkommenen Mannes (des ανηρ αγαθος) nicht allein im Schauen und Erkennen gesehen hat, sondern daß nach seiner Anschauung mit solcher Erkenntnis stets eine aktive Betätigung im Dienst der menschlichen Gemeinschaft verbunden sein muß, sei es — dürfen wir hinzufügen — nun auf politischem, sozialem oder rein geistigem Gebiet. Eine Betätigung, die natürlich in tiefster Sittlichkeit ihren Urgrund hat.

Überraschend ist eine Tatsache und für P.' innerstes Wesen in höchstem Grade interessant und ungemein wertvoll, deren volle Würdigung wir erst Max Pohlenz verdanken[1]: P.' Auffassung von dem Hochziel oder vielmehr den hohen Zielen wahrhaft idealer Naturen, die, schon von Hause aus für die seelische Erfassung alles wahrhaft Großen und Schönen empfänglich, sich in ihrem hohen, reinen überpersönlichen Ehrgeiz in innerster Seele ganz andere Ziele als die gewöhnlichen Menschen für ihr tiefstes Streben und Handeln gesetzt haben. Hochziele, von denen das Sinnen und Sehnen der Masse nichts ahnt, Hochziele, die überhaupt erst des göttlichen Ursprunges der menschlichen Seele wahrhaft würdig sind und diese erhabenen Geister „bis nahe zum Hochsinn Gottes erheben".[2] — Erst dies Lebensideal genialer Naturen läßt uns den ganzen P. erkennen, der selber dank seiner eingeborenen Hellenennatur, auch von dem „göttlichen Platon" inspiriert, tiefsten Blick und Herz für alles wahrhaft Große und Schöne in Natur und Menschenleben besaß.

---

[1] Auf Grund der Schrift „Vom Erhabenen" (περὶ ὕψους) c. 35, eine genialische Partie, die bereits Norden, Agnostos Theos, 105 f. als Poseidonisch erkannt hatte.

[2] „Vom Erhabenen" c. 36.

Unter solch großen Gesichtspunkten hat P. auch das Imperium Romanum betrachtet, mit dessen zu seiner Zeit führenden Männern er ja in nähere persönliche Berührung getreten ist. Wir haben schon an anderer Stelle[1]) ausgeführt, wie er das römische Weltreich unter der Perspektive griechischen Denkens sittlich zu rechtfertigen unternommen hat.

## Die Gottheit

Der Kosmos ist in Wahrheit ein ungeheurer, allüberall von Leben erfüllter Organismus, dessen Seele der Logos ist, dessen Existenz der Mensch freilich nur aus seinen Wirkungen erkennen kann, wie ja auch die menschliche Seele nur aus ihren Wirkungen erkannt wird. Wie aber diese in ihrem körperlichen sichtbaren Organismus zu jeder Zeit in dessen Bau überallhin zu wirken vermag, weil sie in ihm allgegenwärtig ist, so ist auch im Makrokosmos der Logos allgegenwärtig und allenthalben wirksam. Aber die den ganzen Kosmos regierende und gestaltende Macht ist nicht nur Vernunft, d. h. nicht nur reines Denkvermögen (ratio), sondern sie ist zugleich die alles Leben erzeugende Kraft. Leben kann aber nur geben, bzw. erzeugen, was selber Leben besitzt. Und das ist dieser Logos. Dieser erzeugt jedoch nicht nur Leben (ζωοποιεῖ), sondern er ist Leben, das Leben, das alles in diesem Kosmos, wenn auch in mannigfachen Abstufungen und Formen erfüllt und gestaltet. Diese Urlebenskraft, die alles beseelt und lenkt, ist die Gottheit. Sie ist das Leben selbst, Leben und ewige Bewegung (ζωὴ καὶ κίνησις). Doch hören wir die mit Sicherheit von P. herrührenden Definitionen der Gottheit: „Gott ist ein geisterfüllter Hauch, der alles Sein durchdringt." Noch genauer sagt P. einmal: „Gott ist ein geisterfüllter und feuriger Hauch, der keinerlei Gestalt besitzt, sich aber wandelt in alles, was er will, und sich allem ähnlich zu machen vermag." — „Nirgends aber offenbart sich" — so hat ein um unsere Erkenntnis des in tausend Quellen vergrabenen und verborgenen P. hochverdien-

---

[1]) „Griechische Ethik und Römischer Imperialismus" (Klio 1932 S. 86 ff). Vgl. oben S. 146 (der 1. Aufl.).

ter Forscher einmal gesagt[1]) — „die Gottheit reiner als im Feuer". — Das ungeheure Feuer des Ätnaschlundes ist hier gemeint, das P. selber bei seiner Anwesenheit in Sizilien erlebt hat. Das Feuer aber rastet nie; denn es ist in ewiger Bewegung und wirkt ständig mühelos alles, d. h. überwältigt alles.

Für P., der dank seiner eingeborenen Natur für alles wahrhaft Große und Schöne dieser Welt in einer Tiefe, wie nur ganz wenige Geister der Menschheitsgeschichte, empfänglich gewesen ist, ist der Kosmos in seiner überragenden Größe, Mannigfaltigkeit und Schönheit das fundamentale Erlebnis seines ganzen Wesens. Aber dank dem zweiten Urgrund seiner Natur wird ihm dies Erlebnis, das den Physiker tausendfach beschäftigt und fesselt, zu einem einzigartigen religiösen Erlebnis, dem er manchmal in enthusiastischen Worten Ausdruck gibt. Denn ihm offenbart sich in allem und allem, im Makro- wie im Mikrokosmos, in überwältigender Weise nicht etwa nur eine ungeheure, aber blinde Naturkraft, sondern der göttliche Allgeist, der alle Macht und alle Erkenntnis in sich vereint.

P. schaut aber nicht nur im Makrokosmos die Gottheit, sondern auch im Menschen, dem Mikrokosmos, der damit der Gottheit nicht nur wesensverwandt, sondern von dieser überhaupt ein Teil (ἀπόσπασμα θεοῦ) und daher berufen ist, an seinem Teilchen mitzuwirken an der göttlichen Regierung der Welt. Mag diese Mitwirkung des Menschen, auf das Ganze gesehen, noch so winzig sein, für den Menschen ist sie die höchste, die fundamentale Aufgabe seines Lebens, all seines Strebens und Schaffens, d. h. all seiner sittlichen Arbeit an sich selber und im Dienste der menschlichen Gemeinschaft.

Nun ist aber Gott, weil reinste Vernunft und reinste Güte, zugleich die Vorsehung, die sich gerade des Menschen als seines Sohnes, seines engsten Verwandten, fürsorgend annimmt. Schon wie Gott von P. einmal „architékton", d. h. Weltenbaumeister genannt wird, so ist er nach P. auch der über alle Begriffe weise Gestalter des menschlichen Leibes, sowohl in seinem Ge-

---

[1]) Sudhaus „Aetna" 1898, S. 159.

samtbau wie in all seinen einzelnen Organen und Funktionen. Doch die Fürsorge Gottes erstreckt sich nicht nur auf die Menschheit im ganzen — durch alle Naturvorgänge, den Gang der Sterne, den Wechsel der Horen, das Leben der Pflanzen und den Nutzen der Tiere, wie ja alle Kreaturen nur um des Menschen willen da sind —, sondern auch, wenigstens oft, auf das Wohlergehen des einzelnen. Denn das Wesen Gottes offenbart sich den Menschen gegenüber als wahrhaft väterliche Fürsorge, d. h. als ständige Hilfsbereitschaft, Güte und Liebe zu den Menschen (Philanthropía)[1].

Eine so tief religiöse Natur wie P. mußte bei ihrem die ganze Menschheit — Griechen wie Barbaren — umfassenden Denken die Frage nach den Ursprüngen der Religion auf das stärkste interessieren, ihn oft und nachhaltig beschäftigen. Sie war zweifellos eines der großen Probleme seines Forscher- und Denkerlebens. Ein Problem, das übrigens die griechischen Philosophen schon seit Xenophanes von Kolophon, vor allem aber seit den Tagen der Sophisten, stark beschäftigt und vielerlei Antworten, positiver wie negativer Art, hervorgerufen hatte. So sehr auch P. mit seinen Vorgängern darin übereinstimmte, daß hierbei die „Metéora" (die Vorgänge in der Höhe, d. h. in der Atmosphäre und in der Sternenwelt) und vor allem der nächtliche Sternenhimmel auf den Ursprung der Religion eine starke Einwirkung ausgeübt hätten, so war ihm doch weit wichtiger, ja entscheidend, die Einsicht, daß die tiefste Ursache des Gottesglaubens in der Natur des Menschen selbst liege, des Menschen, der dank seiner Gottesverwandtschaft — des Logos in ihm mit dem Logos des Weltganzen, also der Verwandtschaft von Geist mit Geist, den Glauben an eine göttliche Macht (diese zunächst personifizierend als Gottvater) gewonnen hat. Denn das war ihm klar bewußt, daß nur das Gleiche das Gleiche zu erkennen vermag, eine schon der altgriechischen Mystik eigene Grundüberzeugung, die seit Parmenides, vor allem aber seit Empedokles und dann durch Platon weit verbreitet

---

[1]) Vgl. „Zur antiken Theodizee" (Archiv f. Gesch. d. Philos. XX 173 ff.).

war[1]). Die berühmten Verse des Manilius, die noch ein Goethe am 1. September 1784 in das Brockenbuch schrieb,

„Quis caelum possit nisi caeli munere nosse.
Et reperire deum nisi si pars ipse deorum'st."

drücken bekanntlich getreu die Anschauung des P. aus, dessen Einfluß auf das Denken und Fühlen des römischen Dichters aus dessen Versen auch sonst vielfach hervorleuchtet[2]).

Eine zweite Quelle für die griechischen Gottesanschauungen der geschichtlichen Zeit waren die Mythen, wie sie besonders die Dichter (Homer und Hesiod) geschaffen oder weiter ausgebildet hatten. An diesen übt P. eine scharfe, durchaus ablehnende Kritik, indem er überhaupt jede anthropomorphe Gottesanschauung auf das schärfste bekämpft und sich daher auch als Anhänger einer völlig bildlosen Gottesverehrung bekennt, für die er, auf Grund seiner Kenntnis der Septuaginta, vor allem die jüdische Religion des Moses, aber auch die altrömische Religion als Beispiele anführt. Wie es scheint, hat er auch die alten, halbmythischen Gesetzgeber (Lykurg und andere) für solche anthropomorphe Gottesanschauung verantwortlich gemacht und wohl sicher auch die bildende Kunst der Griechen, und sei es die eines Pheidias, verurteilt.

Sehr bemerkenswert erscheint auch seine Auffassung von der Aufgabe des Philosophen gegenüber den griechischen Mythen und Religionsurkunden. Denn der Philosoph ist dieser ganzen mythischen Überlieferung gegenüber ein wahrhafter „Künder (Prophétes) der göttlichen Natur und Deuter" (Exegétes)[3]). Aber mit Panaitios lehnt P. offenbar die altstoische allegorische Dichter- und Mythenerklärung ab. Von Panaitios hat er augenscheinlich in seinem Werk „Von den Göttern"

---

[1]) Vgl. zu Platon schon Rohde, Psyche II 284 und überhaupt insbesondere Praechter[12], S. 96.

[2]) Vgl. Cumont a. a. O. 85. Boll, Sternglaube und Sterndeutung[3] S. 80, Wilamowitz, Gl. d. H. II 408.

[3]) Dion von Prusa XII 47.

auch die sog. „Theologia tripertita" übernommen: die Götter der Physiker (d. h. der wahren Philosophen), die der Dichter und die der Gesetzgeber (bzw. des Staates) und in demselben Sinn wie jener aufgefaßt.

Und daß unter den Gottesbeweisen — von denen wir zuerst in Platons Gesetzen eine Spur finden — zumal denen der alten Stoa, insbesondere der sog. kosmologische Beweis und der Beweis aus dem „Consensus gentium" ihm eine willkommene Bestätigung seiner Anschauung waren, ist ohne weiteres begreiflich.

Von besonderem Interesse ist seine Anschauung von der wahren Gottesverehrung. Nicht nur, daß er alle (blutigen) Opfer verwirft — die Hauptsache ist ihm vielmehr die fromme Gesinnung, in der wir der Gottheit (im Gebet) nahen müssen. Die Worte Ciceros[1]) „cultus autem deorum est optimus idemque castissimus atque sanctissimus plenissimusque pietatis, ut eos semper pura, integra, incorrupta et mente et voce veneremur" entsprechen trotz ihrer Wortfülle durchaus der Anschauung des Poseidonios. Daß die wahre Gottesverehrung im Sinne des P., der hier ganz wie Platon denkt und fühlt, die ὁμοίωσις θεῷ (das „Ähnlich wie Gott werden") ist — darin kann nach der neuen Poseidonios-Forschung kein Zweifel sein. Und ebensowenig daran, daß diese „Homoiosis Theo" im Grunde darin besteht, daß der Mensch mit all seinen Seelen- und Charakterkräften möglichst sittlich vollkommen, d. h. gut, wird. Denn dies ist ebenso die Anschauung des P. wie die Platons. — „Willst du Gott gnädig stimmen? dann werde gut!"[2]).

## Der Triumph des Logos

In der griechischen Spekulation über den Urzustand der Menschheit lassen sich zwei grundverschiedene Richtungen unterscheiden: die eine, die man die „romantische" nennen könnte, träumte von einem goldenen

[1]) Nat. Deor. II 71.

[2]) Sen. Ep. 95, 50: „Vis deos propitiare? bonus esto!" Vgl. Pohlenz I 235.

Zeitalter, das leider längst dahingesunken sei, aus was für Gründen auch immer. Ein solches goldenes Zeitalter hat bekanntlich nicht nur Hesiod angenommen, sondern nach ihm manche orphische Kreise und — wohl im Zusammenhang damit — vor allem Empedokles, der dies in schönsten Farben ausmalt, in jener Zeit, wo unter den Menschen „Kypris (d. h. die Göttin der Liebe) herrschte". Aber auch Zenon und die alte Stoa wie andererseits Dikaiarchos, einer von Aristoteles' Schülern, sprechen von einem goldenen Zeitalter und dessen paradiesischen Zuständen.

Demgegenüber steht die realistische Grundauffassung eines Demokrit (dem später Epikur folgt), der einen mehr oder weniger tierartigen Urzustand der ältesten Menschen annahm, aus dem sie sich infolge unmittelbarster leiblicher Not (χρεία) allmählich entwickelt hätten. — P., der an ein einstiges goldenes Zeitalter glaubte, gab freilich Demokrit zu, daß die Notlage des primitiven Menschen einen Anstoß zu seiner (zunächst) wirtschaftlichen und sozialen Fortentwicklung gegeben habe. Aber der Kardinalunterschied zwischen der Ansicht des Demokrit und des P. über den Urgrund aller Kultur ist dieser: nach P. ist es gar nicht die Not, die höchstens den Anstoß dazu gab; der wahre Urgrund aller Entwicklung des Menschengeschlechts zum Höheren ist vielmehr der dem Menschen von Hause aus innewohnende Logos, d. h. seine geistige Veranlagung[1]), wie wir sagen dürfen. Nur durch diese, dem Menschen eigentümliche Vernunft sind alle Fortschritte der Urzeit gewonnen worden. Diesen Gedanken hat P. mit besonderer Liebe eingehend ausgeführt: welche Fülle von Erfindergeist war dazu nötig, den Menschen aus primitivstem Dasein herauszuführen! Schon der Gebrauch des Feuers im Dienst des Menschen war eine ungeheure Erfindung. Und dann die der einzelnen Werkzeuge, wie Hammer und Zange, und dann alle die dem Menschen unentbehrlichen Gewerbe

[1]) Wir finden hier dieselbe Grundanschauung wie in P. Ansicht vom Ursprung der Religion: In beiden Fällen ist der Logos des Menschen die alle Entwicklung zum Höheren heraufführende schöpferische Geisteskraft.

und Künste: die Erfindung der Töpferscheibe, die des Mahlens und Backens und nun erst die wahrhaft geniale Erfindung des Webens, des Webstuhles mit seinen sinnvoll ineinandergreifenden Elementen. Und nun gar der Ackerbau mit seinen Geräten zum Pflügen, welch planmäßiges Denken auf Grund jahrhundertelanger Beobachtung und Erfahrung setzt dieser voraus! All diese Errungenschaften sind ja nur dem menschlichen Logos zu verdanken, genauer dem Genie einzelner schöpferischer Köpfe, der „Weisen", wie man sie nannte. Und wenn auch diese Weisen der Urzeit noch weit davon entfernt waren, Philosophen in unserem, d. h. im Sinne des P. zu sein, es war doch schon in ihnen dieselbe göttliche Urkraft des Geistes lebendig und wirksam wie die, die im Lauf der folgenden Jahrtausende und nun erst seit den Tagen eines Thales und Anaximandros dank großen Genien zu einer wirklichen Philosophie als Königin aller Wissenschaften geführt hat. Und wie es ein Gesetz der Natur ist, daß sich dem Stärkeren die Schwächeren unterordnen und die Stärkeren als ihre Führer wählen — so ist der Führer der Herde von Rindern oder Elefanten der stärkste Stier oder Elefant —, so galt dies damals auch im Bereich des Menschen. Jedoch mit einem kardinalen Unterschied: unter den Menschen herrschte überhaupt nicht die rohe physische Kraft; Führer waren vielmehr die Klügsten und Besten. Zu ihnen gehörten die Könige, denen die Menschen willig gehorchten, weil sie wußten, daß diese alles aus überlegener Einsicht und Güte um ihretwillen täten. Damals gab es auch keinerlei Zwietracht unter den Menschen; es herrschte ein naiver Kommunismus. Alles gehörte allen zusammen. Jeder half dem anderen oder gab ihm von dem Seinen ab. Es standen die ersten Menschen auch in ihrer Anschauung von der Gottheit dieser noch weit näher als alle folgenden Geschlechter. Waren sie doch noch durch keinerlei feindliche Einflüsse verdorben.

P., der auf seinen Reisen vielerlei Völker verschiedenster Kulturstufen in ihren Lebenszuständen beobachtet und verglichen hatte, hatte als Historiker und Ethnologe nicht nur ganz verschiedene Entwicklungsstufen, ein ganz verschiedenes Kulturniveau der einzelnenVölker beobachtet und daraus auf ursprünglich äußerst primitive, ja, tierartige Zustände geschlossen. Er hatte auch auf seinen Reisen im Westen Europas und Libyens vielfach Spuren von Entartung und Verfallserscheinungen bemerkt, sei es, daß diese durch Versetzung in andere Zonen und Klimate oder durch andere Umstände verursacht waren, die in anderen Regionen der menschlichen Seele verborgen liegen. Eine solche Ursache der Entartung war damals vor allem die Habsucht, die Sucht zum Mehrhabenwollen (Pleonexia) als der andere. Und auch das Königtum artete aus infolge der irrationalen Triebe der Menschenseele, so daß überall eine Tyrannis aufkam, die freilich nur ein Durchgangsstadium der Entwicklung bedeutete, weil sie ungewollt das Gute heraufführte, so daß das Volk geschriebene Gesetze verlangte. Es traten daher in jener alten Zeit, die z. T. noch gar nicht lange hinter uns liegt, große Gesetzgeber auf: ein Lykurg, ein Solon oder Männer wie Charondas und Zaleukos in Sizilien und Unteritalien. Auch hier waren wieder „Weise" die Führer, die einen gewaltigen sozialen und rechtlichen Fortschritt heraufführten. Aber Entartungen und Verfallserscheinungen hörten auch im Zeitalter des P. nicht auf. So sind es nun wieder die Weisen, d. h. jetzt nennt man sie „Philosophen", die die Menschen durch Lehre. Mahnung und Beispiel zum Guten und Schönen zurückzuführen berufen sind. Und gerade durch die tiefgehenden Einflüsse eines Panaitios und Poseidonios auf die soziale Oberschicht, genauer auf einzelne Männer dieser Oberschicht, offenbarte sich die hohe, einzigartige Stellung des Philosophen.

* * *

Ein kontrastierender Vergleich zwischen den beiden Häuptern der mittleren Stoa kann hier nur angedeutet werden. Das aber ist notwendig, weil Cicero, der jüngere Zeitgenosse des Poseidonios, der ihn notorisch persönlich gekannt hat, behauptet, daß dieser ein Schüler des Panaitios gewesen sei[1]).

[1]) De off. III 8. De div. I 6.

Schon Jacoby[1] hat diese Behauptung Ciceros in Zweifel gezogen. Wie begründet dieser ist, das können schon die Worte von Wilamowitz[2] zeigen: „Auch Poseidonios hat an die Astrologie geglaubt, der als Nachfolger und Schüler des Panaitios gilt; aber es war ein Schülerverhältnis wie das des Panaitios zu Diogenes[3] und Antipatros; denn seine Lehre steht in scharfem Gegensatz zu Panaitios und hat diesen völlig überwunden ... Sein Nachfolger ist er auch nicht als Schulvorstand geworden, sondern hat in Rhodos gelebt; in Athen hat die Stoa weder damals noch später etwas bedeutet ... Rhodos war geistige Kapitale geworden.“

Der fundamentale Unterschied zwischen der Weltanschauung und den Charakteren des Panaitios und des Poseidonios wird dem Leser dieser beiden Kapitel schon hinreichend deutlich geworden sein. Im Grunde sind beider Charaktere, d. h. ihre angeborene Natur, durch Welten geschieden. Das gilt auch von den Lebens- und Weltanschauungen beider, obgleich sie beide Stoiker sind, wenn auch beide durchaus keine orthodoxen Stoiker (im Sinne eines Chrysipp). Sie haben vielmehr — jeder gemäß seinem eigenen Wesen —, durchaus selbständig die altstoische Lehre verjüngt, d. h. mit einem ganz neuen Geiste, aus einem ganz anderen Lebensgefühl heraus, erfüllt.

## Antiochos von Askalon

Dieser Antiochos ist eine in vielem höchst widerspruchsvolle Persönlichkeit. Cicero, der ihn im Winter 79/78 in Athen gehört und seine wichtigsten Schriften genau gekannt hat, sagt von ihm: „appellabatur Academicus; erat quidem, si perpauca mutavisset, germanissimus Stoicus.“ Zwei Tatsachen vor allem charakterisieren seine Stellung in der Geschichte der nachkarneadeischen Akademie: er führt die Akademie von ihrer skeptischen Grundhal-

[1] FGrHist. II C p. 155 a. (i. Jahre 1926).
[2] Gl. d. H. II 402 f. (im Jahre 1932).
[3] Von Babylon.

tung entschlossen zum Dogmatismus hinüber, freilich zu einem Dogmatismus synkretistischer Natur, wie Praechter treffend sagt. Und er behauptet, daß die sokratischen Schulen, d. h. die platonische, peripatetische und stoische Philosophie, im wesentlichen dasselbe meinten. Denn ihre angeblichen Differenzen wären nur ein Streit um Worte. — Eine These, die bei jedem Kenner der griechischen Philosophie nur stärkstes Befremden erwecken kann und, wie Hans von Arnim, einer der großen Kenner der antiken Philosophie — freilich noch viel zu milde —, sagt: „dem wissenschaftlichen Sinn des Antiochos wenig Ehre macht". Denn sicher ist, daß sein logisches Unterscheidungsvermögen gegenüber dem Grundcharakter anderer Philosophien (wenn wir von Epikur absehen), d. h. der platonischen, aristotelischen und stoischen Philosophie, erschreckend gering, ja, in vielem geradezu blind ist. Das zeigt sich schon darin, daß er wähnte, durch seine Dogmatik die echte altakademische Lehre wiederherzustellen.

Die Persönlichkeit des Philosophen Antiochos ist noch im letzten Menschenalter zum Teil stark verkannt worden. Erst durch Pohlenz' eindringende und allseitige Darstellung ist sie in helles, völlig überzeugendes Licht gestellt worden. Auch Pohlenz' Gesamturteil über ihn ist durchaus treffend: kein schöpferischer Denker, vielmehr „ein Nachfahre, dem es genügte, wenn er fremde Gedanken bis zu einem ihn befriedigenden Ziele weiterführen konnte". — Metaphysik und Naturphilosophie liegen ihm so fern, als ob es einen Platon und einen Aristoteles nie gegeben hätte. Seine Philosophie kennt in Wahrheit nur zwei Probleme: das Wahrheitskriterium und das Lebensziel (Telos), bzw. die Frage nach den Grundlagen der Eudaimonia. Und im Grunde beschäftigt ihn hier nur die praktische Ethik.

Erst durch seinen schweren Konflikt mit seinem Lehrer Philon von Larissa ist er zur entscheidenden denkerischen „Tat" seines Lebens gekommen, und auf dieser beruht seine relative historische Bedeutung. Philon hatte nämlich noch als Mann von über 70 Jahren in einem zweibändigen Werke nahezu alles verleugnet, was er bisher gelehrt hatte, und insbesondere Karneades' Stellung zum Erkenntnisproblem völlig verwässert, d. h. verfälscht. Diese Tatsache empörte seinen einstigen Schüler Antiochos derartig, daß er mit ihm in aller Form brach und eine scharfe Gegenschrift gegen ihn veröffentlichte. Und noch mehr: es wird ihm bei diesem Konflikt und zugleich im Hinblick auf den damaligen Zeitgeist klar, daß es mit der skeptischen Philosophie vorbei ist und nur eine dogmatische, lebensnahe, d. h. dem Durchschnittsmenschen zusagende Philosophie noch Aussicht auf Geltung hat. Freilich die Art, wie er sein Verbleiben in der Akademie trotz seiner halbstoischen Haltung aus angeblich historischen Gründen (durch die Geschichte der griechischen Philosophie von Sokrates bis auf Panaitios) zu rechtfertigen sucht, insbesondere wie er den Akademiker Polemon, einen Schüler des Xenokrates, zum maßgebenden Lehrer Zenons macht, verdient mit Recht Pohlenz' scharfe Bezeichnung als „Geschichtsklitterung".

Gegenüber dem Erkenntnisproblem hat Antiochos einfach die Lösung des Chrysipp angenommen: „die Wahrheit erfassen wir nur vermittels der kataleptischen Vorstellung[1]). Also eine spezifische Grundlehre der alten Stoa.

Auch in seiner Ethik hat er im allgemeinen die der Stoa vertreten, wenn er auch Zenons Bestimmung des „Telos" als eine nur die eine Seite der Menschennatur (d. h. die geistige) berücksichtigende Anschauung bekämpfte und, offenbar durch Panaitios' grundlegende Anschauung der Doppelnatur des Menschen beeinflußt, diese stark betonte.

In seiner Güterlehre weist er zwar der Tugend einen überragenden Platz (vor anderen Gütern) an, aber er macht hierbei eine seltsame Unterscheidung, indem er den Menschen zwar schon durch die Tugend zur Eudaimonia gelangen läßt; aber erst durch die Verbindung der Tugend mit den äußeren Gütern (wozu er außer Gesundheit und physischen Eigenschaften des Menschen

[1]) Vgl. oben Bd. III S. 104.

auch Eltern, Freunde und Vaterland rechnet) erreiche der Mensch den höchsten Grad der Glückseligkeit. Er unterscheidet also, mit Cicero zu reden, eine vita beata und eine vita beatissima. Es ist ihm also der Begriff der Eudaimonia, obgleich er doch noch die alte Akademie in seiner Lehre vertreten wollte, im Sinne des Sokrates und Platon gar nicht mehr klar gewesen, wie diesen Pohlenz gut definiert: „Eudaimonia ist eine innere Haltung, die ihre Freudigkeit aus der seelischen Harmonie und aus dem Bewußtsein schöpft, eine gottgewiesene Bestimmung zu erfüllen." Denn zweierlei schließt diese Eudaimonia ein: den Frieden mit sich selbst und den Frieden mit Gott, bzw. durch Gott (eigentlich meint ja Eudaimonia einen Menschen, in dem ein guter Daimon wohnt). Der Begriff Eudaimonia in diesem sokratisch-platonischen Sinne läßt also überhaupt keine Steigerung zu. Der psychologische Fehlgriff des Antiochos hier wäre ja ganz derselbe, wie wenn ein Christ den paulinischen Begriff „der Friede Gottes, welcher höher ist denn alle Vernunft"[1]) noch irgendwie steigern wollte. Im übrigen zeigt sich in der Ethik des Antiochos deutlich eine Neigung zur strengen altstoischen Lehre: vor allem in seinem Ideal der radikalen Apathie, d. h. der Ausrottung aller „Affekte", selbst des Mitleids. Eine Lehre des Chrysipp, die nur aus dessen absolut rationalistischer Auffassung der Menschennatur entspringt, also mit der durch Panaitios' heraufgeführten neuen Anschauung vom Menschen als einem seelisch-leiblichen Doppelwesen, die Antiochos selbst akzeptiert und gegen Zenon verfochten hat, überhaupt nicht vereinbar ist. Auch daß er das altstoische Weisenideal wiederaufnahm, daß nur der Weise gerecht, wahrhaft frei und schön, überhaupt vollkommen ist, während alle anderen Menschen entweder Sklaven oder Narren sind, ist verwunderlich und sehr unhistorisch gedacht. Hier lebt der weltfremde, jede menschliche Erfahrung ignorierende Standpunkt des Chrysipp mit seinem völlig abstrakten Doktrinarismus noch einmal wieder auf.

---

[1]) Epistel an die Philipper 4, 7.

Wir sehen: dieser Antiochos ist wirklich kein originaler Denker, und sein Dogmatismus ist durch starke Widersprüche mit seinen eigenen Lehren oder deren Grundvoraussetzungen belastet. Aber seine Persönlichkeit ist für das niedrige Niveau der griechischen Philosophie zur Zeit Ciceros — wenn man von den Hochgestalten des Panaitios und Poseidonios absieht — so charakteristisch wie auch in ihrer historischen Nachwirkung, vor allem auf den sog. mittleren Platonismus[1]), trotz ihres philosophischen Tiefstandes so bedeutsam, daß sie hier nicht ganz ignoriert werden durfte. Und als Prototyp eines Eklektikers ist er eine lehrreiche Erscheinung.

## Register



[1]) Über diesen vgl. zunächst Praechter[12] S. 524 ff.

# *Geschichte der Philosophie*

*in der*

## *Sammlung Göschen*

| | |
|---|---|
| *Band I:* | *Capelle, Die griechische Philosophie: Erster Teil: Von Thales bis Leukippos (Band 857)* |
| *Band II:* | *Capelle, Die griechische Philosophie: Zweiter Teil: Von der Sophistik bis zum Tode Platons (Band 858)* |
| *Band III:* | *Capelle, Die griechische Philosophie: Dritter Teil: Vom Tode Platons bis zur Alten Stoa (Band 859)* |
| *Band IV:* | *Capelle, Die griechische Philosophie: Vierter Teil: Von der Alten Stoa bis zum Eklektizismus im 1. Jahrhundert v. Chr. (Band 863)* |
| *Band V:* | *Koch, Die Philosophie des Mittelalters (Band 826/826a) in Vorbereitung* |
| *Band VI:* | *Schilling, Die neuere Philosophie bis Kant (Band 394/394a) in Vorbereitung* |
| *Band VII:* | *Heimsoeth, Immanuel Kant (Band 536) in Vorbereitung* |
| *Band VIII:* | *Gerhard Lehmann, Die Philosophie des 19. Jahrhunderts I (Band 571)* |
| *Band IX:* | *Gerhard Lehmann, Die Philosophie des 19. Jahrhunderts II (Band 709)* |
| *Band X:* | *Gerhard Lehmann, Das erste Drittel des 20. Jahrhunderts (Band 845) in Vorbereitung* |

# SAMMLUNG GÖSCHEN

## GESAMTVERZEICHNIS

JEDER BAND DM 2,40

DOPPELBAND DM 4,80

WALTER DE GRUYTER & CO.

BERLIN W 35

# SAMMLUNG GÖSCHEN

## UNSER HEUTIGES WISSEN IN KURZEN, KLAREN, ALLGEMEINVERSTÄNDLICHEN EINZELDARSTELLUNGEN

### *Zweck und Ziel der „Sammlung Göschen"*

*ist, in Einzeldarstellungen eine klare, leichtverständliche und übersichtliche Einführung in sämtliche Gebiete der Wissenschaft und Technik zu geben; in engem Rahmen, auf streng wissenschaftlicher Grundlage und unter Berücksichtigung des neuesten Standes der Forschung bearbeitet, soll jedes Bändchen zuverlässige Belehrung bieten. Jedes einzelne Gebiet ist in sich geschlossen dargestellt, aber dennoch stehen alle Bändchen in innerem Zusammenhange miteinander, so daß das Ganze, wenn es vollendet vorliegt, eine einheitliche systematische Darstellung unseres gesamten Wissens bilden dürfte.*

# Naturwissenschaften und Technik

## *Mathematik*

**Geschichte der Mathematik.** Von J. E. Hofmann.
I: Von den Anfängen bis zum Auftreten von Fermat und Descartes. 199 Seiten. 1953 . . . . . . . . . . Bd. 226

**Mathematische Formelsammlung.** Von F. Ringleb. Vollständig umgearbeitete Neuausgabe des Werkes von O. Th. Bürklen. 5., verbesserte Auflage. Mit 57 Figuren. 274 Seiten. 1949 . . . . . . . . . . . . . . . Bd. 51

**Fünfstellige Logarithmen.** Mit mehreren graphischen Rechentafeln und häufig vorkommenden Zahlwerten. Von A. Adler. 2. Auflage. Neudruck. Mit 1 Tafel. 127 Seiten. 1949 . . . . . . . . . . . . . . . . . . . . Bd. 423

**Elementare und klassische Algebra.** Vom modernen Standpunkt. Von W. Krull. 2., erweiterte Auflage.
I: 136 Seiten. 1952 . . . . . . . . . . . . . . . . . . Bd. 930

**Höhere Algebra.** Von H. Hasse. 3., verbesserte Auflage.
I: Lineare Gleichungen. 152 Seiten. 1951 . . . . . Bd. 931
II: Gleichungen höheren Grades. Mit 5 Figuren. 158 Seiten. 1951 . . . . . . . . . . . . . . . . . . . . Bd. 932

**Aufgabensammlung zur höheren Algebra.** Von H. Hasse und W. Klobe. 2., verbesserte und vermehrte Auflage. 181 Seiten. 1952 . . . . . . . . . . . . . . . . . . . . Bd. 1082

**Gruppentheorie.** Von L. Baumgartner. 2. Auflage. Mit 6 Figuren. 115 Seiten. 1949 . . . . . . . . . . . . Bd. 837

**Elemente der Funktionentheorie.** Von K. Knopp. 3. Auflage. Mit 23 Figuren. 144 Seiten. 1949 . . . . . . Bd. 1109

**Funktionentheorie.** Von K. Knopp. 7. Auflage.
I: Grundlagen der allgemeinen Theorie der analytischen Funktionen. Mit 8 Figuren. 139 Seiten. 1949 . . . Bd. 668
II: Anwendungen und Weiterführung der allgemeinen Theorie. Mit 7 Figuren. 130 Seiten. 1949 . . . . . Bd. 703

**Aufgabensammlung zur Funktionentheorie.** Von K. Knopp. 4. Auflage.
I: Aufgaben zur elementaren Funktionentheorie. 135 Seiten. 1949 . . . . . . . . . . . . . . . . . . . Bd. 877
II: Aufgaben zur höheren Funktionentheorie. 151 Seiten. 1949 . . . . . . . . . . . . . . . . . . . . . . Bd. 878

**Gewöhnliche Differentialgleichungen.** Von G. Hoheisel. 4., neubearbeitete Auflage. 129 Seiten. 1951 . . . . Bd. 920

**Partielle Differentialgleichungen.** Von G. Hoheisel. 3., neubearbeitete Auflage. 1953 In Vorbereitung . . . Bd. 1003

**Aufgabensammlung zu den gewöhnlichen und partiellen Differentialgleichungen.** 2., umgearbeitete Auflage. 124 Seiten. 1952 . . . . . . . . . . . . . . . . . . . . . . Bd. 1059

**Differentialrechnung.** Von A. Witting †. 3., neubearbeitete Auflage. Durchgesehener Neudruck. Mit 95 Figuren und 200 Beispielen. 201 Seiten. 1949 . . . . . Bd. 87

**Repetitorium und Aufgabensammlung zur Differentialrechnung.** Von A. Witting †. 2., neubearbeitete Auflage. Durchgesehener Neudruck. 145 Seiten. 1949. . Bd. 146

**Integralrechnung.** Von A. Witting †. 2., verbesserte Auflage. Durchgesehener Neudruck. Mit 62 Figuren und 190 Beispielen. 176 Seiten. 1949 . . . . . . . . Bd. 88

**Repetitorium und Aufgabensammlung zur Integralrechnung.** Von A. Witting †. 2., neubearbeitete Auflage. Durchgesehener Neudruck. Mit 32 Figuren und 309 Beispielen. 121 Seiten. 1949 . . . . . . . . . . . . . . Bd. 147

**Einführung in die konforme Abbildung.** Von L. Bieberbach. 4. Auflage. Mit 42 Zeichnungen. 147 Seiten 1949 . . . . . . . . . . . . . . . . . . . . . . . Bd. 768

**Darstellende Geometrie.** Von R. Haußner.
I: Elemente; ebenflächige Gebilde. 6., unveränderte Auflage. Mit 110 Figuren im Text. 207 Seiten. 1947 Bd. 142
II: Perspektive ebener Gebilde, Kegelschnitte. 5., unveränderte Auflage. Mit 88 Figuren im Text. 168 Seiten. 1947 . . . . . . . . . . . . . . . . . . . . . . . Bd. 143

**Sammlung von Aufgaben und Beispielen zur analytischen Geometrie der Ebene** mit den vollständigen Lösungen. Von R. Haußner. Neudruck. Mit 22 Figuren im Text. 139 Seiten. 1949 . . . . . . . . . . . . . . . . . . Bd. 256

**Nichteuklidische Geometrie.** Hyperbolische Geometrie der Ebene. Von R. Baldus. 3., verbesserte Auflage, durchgesehen von F. Löbell. 1953. In Vorbereitung . . . . Bd. 970

**Vermessungskunde.** Von P. Werkmeister.
I: Stückmessung und Nivellieren. 9. Auflage. Mit 145 Figuren. 165 Seiten. 1949. . . . . . . . . . . . . Bd. 468
II: Messung von Horizontalwinkeln. Festlegung von Punkten im Koordinatensystem. Absteckungen. 7. Auflage. Mit 93 Figuren. 151 Seiten. 1949 . . . . . . . Bd. 469
III: Trigonometrische und barometrische Höhenmessung. Tachymetrie und Topographie. 6. Auflage. Mit 64 Figuren. 147 Seiten. 1949 . . . . . . . . . . . . Bd. 862

**Vektoranalysis.** Von S. Valentiner. 7., wesentlich veränderte Auflage. Mit 19 Figuren. 138 Seiten. 1950 Bd. 354

**Versicherungsmathematik.** Von F. Böhm. 2., verbesserte Auflage.
I: Elemente der Versicherungsrechnung. Neudruck. 1953. In Vorbereitung . . . . . . . . . . . . . . . . Bd. 180
II: Lebensversicherungsmathematik, Einführung in die technischen Grundlagen der Sozialversicherung. 205 Seiten. 1953 . . . . . . . . . . . . . . . . . . . . . . Bd. 917/917a

## *Physik / Chemie / Allgemeine, anorganische, organische und experimentelle Chemie / Elektrochemie / Technologie*

**Physikalische Formelsammlung.** Von G. und K. Mahler. 8., verbesserte Auflage. Mit 69 Figuren. 153 Seiten. 1950 . . . . . . . . . . . . . . . . . . . . . . . Bd. 136

**Physikalische Aufgabensammlung.** Von G. und K. Mahler. Mit den Ergebnissen. 7., verbesserte Auflage. 127 Seiten. 1952 . . . . . . . . . . . . . . . . . . . . . . . Bd. 243

**Differentialgleichungen der Physik.** Von E. Sauter. 2. Auflage. Mit 16 Figuren. 148 Seiten. 1950 . . . . . . Bd. 1070

**Geschichte der Chemie** in kurzgefaßter Darstellung. Von G. Lockemann.
I: Vom Altertum bis zur Entdeckung des Sauerstoffs. Mit 8 Bildnissen. 142 Seiten. 1950 . . . . . . . . Bd. 264

**Allgemeine und physikalische Chemie.** Von W. Schulze. II: 3., durchgesehene Auflage. Mit 36 Figuren. 160 Seiten. 1949 . . . . . . . . . . . . . . . . . . . . . Bd. 698

**Physikalisch-Chemische Rechenaufgaben.** Von E. Asmus. 2. Auflage. 96 Seiten. 1949 . . . . . . . . . . . . . Bd. 445

**Anorganische Chemie.** Von W. Klemm. 7. Auflage. Mit 18 Abbildungen. 184 Seiten. 1952 . . . . . . . . . . Bd. 37

**Maßanalyse.** Theorie und Praxis der klassischen und der elektrochemischen Titrierverfahren. Von G. Jander und K. F. Jahr. 6. Auflage.
I: 140 Seiten. Mit 18 Figuren. 1952 . . . . . . . . Bd. 221
II: 139 Seiten. Mit 24 Figuren. 1952 . . . . . . . . Bd. 1002

**Thermochemie.** Von W. A. Roth. 2., verbesserte Auflage. Mit 16 Figuren. 109 Seiten. 1952 . . . . . . . . . . Bd. 1057

**Stöchiometrische Aufgabensammlung.** Von W. Bahrdt und R. Scheer. Mit den Ergebnissen. 5., verbesserte Auflage. 120 Seiten. 1952 . . . . . . . . . . . . . . . Bd. 452

**Analytische Chemie.** Von J. Hoppe. 5., verbesserte Auflage.
I: Reaktionen. 135 Seiten. 1950 . . . . . . . . . . Bd. 247
II: Gang der qualitativen Analyse. 166 Seiten. 1950 Bd. 248

**Elektrochemie** und ihre physikalisch-chemischen Grundlagen. Von A. Daßler.
I: Mit 21 Abbildungen. 149 Seiten. 1950 . . . . . Bd. 252
II: Mit 17 Abbildungen. 178 Seiten. 1950 . . . . . Bd. 253

**Warenkunde.** Von K. Hassak † und E. Beutel †. 7. Auflage. Neubearbeitet von A. Kutzelnigg.
I: Anorganische Waren sowie Kohle und Erdöl. Mit 19 Figuren. 116 Seiten. 1947 . . . . . . . . . . . . Bd. 222
II: Organische Waren. Mit 32 Figuren. 143 Seiten. 1949 Bd. 223

**Die Fette und Öle.** Von K. Braun. 5., vollständig neubearbeitete und verbesserte Auflage. Von Th. Klug. 145 Seiten. 1950 . . . . . . . . . . . . . . . . . . Bd. 335

**Die Seifenfabrikation.** Von K. Braun. Vollständig neubearbeitet von Th. Klug. 3., neubearbeitete und verbesserte Auflage. Mit 18 Abbildungen. 116 Seiten. 1953 Bd. 336

**Atomphysik.** III. Von Bechert-Gehrtsen. 1953. In Vorbereitung . . . . . . . . . . . . . . . . . . . . . . Bd. 1123

## *Naturwissenschaften / Biologie / Botanik / Zoologie Land- und Forstwirtschaft*

**Hormone.** Von G. Koller. 2., neubearbeitete und erweiterte Auflage. Mit 60 Abbildungen und 19 Tabellen. 187 Seiten. 1949 . . . . . . . . . . . . . . . . . . . Bd. 1141

**Geschlecht und Geschlechtsbestimmung im Tier- und Pflanzenreich.** Von M. Hartmann. 2., verbesserte Auflage. Mit 61 Abbildungen und 7 Tabellen. 116 Seiten. 1951 . . . . . . . . . . . . . . . . . . . . . . . Bd. 1127

**Fortpflanzung im Tier- und Pflanzenreich.** Von J. Hämmerling. 2., ergänzte Auflage. Mit 101 Abbildungen. 135 Seiten. 1951 . . . . . . . . . . . . . . . . . . . . Bd. 1138

**Grundriß der allgemeinen Mikrobiologie.** Von W. Schwartz.
I: Mit 17 Abbildungen. 104 Seiten. 1949 . . . . . Bd. 1155
II: Mit 12 Abbildungen. 93 Seiten. 1949 . . . . . Bd. 1157

**Symbiose der Tiere mit pflanzlichen Mikroorganismen.** Von P. Buchner. 2., verbesserte und vermehrte Auflage. Mit 121 Abbildungen. 130 Seiten. 1949 . . . . . . . . Bd. 1128

**Entwicklungsgeschichte des Pflanzenreiches.** Von H. Heil. 2. Auflage. Mit 94 Abbildungen und 1 Tabelle. 138 Seiten. 1950 . . . . . . . . . . . . . . . . . . . . . . Bd. 1137

**Morphologie der Pflanzen.** Von L. Geitler. 3. Auflage. 1953. In Vorbereitung . . . . . . . . . . . . . . . Bd. 141

**Pflanzenzüchtung.** Von H. Kuckuck. 3., völlig umgearbeitete Auflage.
I: Grundzüge der Pflanzenzüchtung. Mit 22 Abbildungen. 132 Seiten. 1952 . . . . . . . . . . . . Bd. 1134

**Die Laubhölzer.** Kurzgefaßte Beschreibung der in Mitteleuropa gedeihenden Laubbäume und Sträucher. Von F. W. Neger und E. Münch. 3., durchgesehene Auflage. Herausgegeben von B. Huber. Mit 63 Figuren und 7 Tabellen. 143 Seiten. 1950 . . . . . . . . . . . . . Bd. 718

**Die Nadelhölzer** (Koniferen und übrigen Gymnospermen). Von F. W. Neger und E. Münch. 4. Auflage, durchgesehen und ergänzt von B. Huber. Mit 75 Figuren, 4 Tabellen und 3 Karten. 140 Seiten. 1952 . . . . Bd. 355

**Das Tierreich IV/3: Insekten.** Von H. von Lengerken. Mit 58 Abbildungen. 128 Seiten. 1953 . . . . . . . . . Bd. 594

**Entwicklungsphysiologie der Tiere.** Von F. Seidel.
I: Ei und Furchung. Mit 29 Abbildungen. 126 Seiten. 1953 . . . . . . . . . . . . . . . . . . . . . . . . . Bd. 1162
II: Körpergrundgestalt und Organbildung. Mit 42 Abbildungen. 159 Seiten. 1953 . . . . . . . . . . . . Bd. 1163

**Vergleichende Physiologie der Tiere.** Von K. Herter. 3. Auflage der „Tierphysiologie".
I: Stoff- und Energiewechsel. Mit 64 Abbildungen. 155 Seiten. 1950 . . . . . . . . . . . . . . . . . . Bd. 972
II: Bewegung und Reizerscheinungen. Mit 110 Abbildungen. 148 Seiten. 1950 . . . . . . . . . . . . . Bd. 973

**Landwirtschaftliche Tierzucht.** Die Züchtung und Haltung der landwirtschaftlichen Nutztiere. Von H. Vogel. Mit 11 Abbildungen. 139 Seiten. 1952 . . . . . . . . . . Bd. 228

**Kulturtechnische Bodenverbesserungen.** Von O. Fauser. 4., neubearbeitete Auflage.
I: Allgemeines, Entwässerung. Mit 47 Abbildungen. 122 Seiten. 1947 . . . . . . . . . . . . . . . . . . Bd. 691
II: Bewässerung, Ödlandkultur, Umlegung. Mit 67 Abbildungen. 150 Seiten. 1948 . . . . . . . . . . . . Bd. 692

**Agrikulturchemie.** Von K. Scharrer.
I: Pflanzenernährung. 143 Seiten. 1953 . . . . . . Bd. 329

## *Geologie / Mineralogie / Kristallographie*

**Kristallographie.** Von W. Bruhns und P. Ramdohr. 4. Auflage. 1953. In Vorbereitung . . . . . . . . . . . . Bd. 210

**Einführung in die Kristalloptik.** Von E. Buchwald. 4., verbesserte Auflage. Mit 121 Figuren. 138 Seiten. 1952 Bd. 619

**Lötrohrprobierkunde.** Mineraldiagnose mit Lötrohr und Tüpfelreaktion. Von M. Henglein. 3., verbesserte Auflage. Mit 11 Figuren. 91 Seiten. 1949 . . . . . . . Bd. 483

**Mineral- und Erzlagerstättenkunde.** Von H. Huttenlocher. 1953. In Vorbereitung . . . . . . . . . . . Bd. 1014/1015/1015a

## *Ingenieurwissenschaften*

### *Allgemeines / Maschinenbau / Hoch- und Tiefbau Elektrotechnik / Wasserbau*

**Technische Tabellen und Formeln.** Von W. Müller. 4., verbesserte und erweiterte Auflage. Von E. Schulze. Mit 105 Figuren. 152 Seiten. 1951 . . . . . . . . . Bd. 579

**Dynamik.** Von W. Müller. 2., verbesserte Auflage.
I: Dynamik des Einzelkörpers. Mit 48 Figuren. 128 Seiten. 1952 . . . . . . . . . . . . . . . . . . . . . . Bd. 902
II: Systeme von starren Körpern. Mit 41 Figuren. 102 Seiten. 1952 . . . . . . . . . . . . . . . . . . Bd. 903

**Technische Thermodynamik.** Von W. Nusselt.
I: Grundlagen. 3., verbesserte Auflage. Mit 71 Abbildungen. 144 Seiten. 1950 . . . . . . . . . . . . Bd. 1084
II: Theorie der Wärmekraftmaschinen. Neudruck. Mit 87 Abbildungen und 32 Zahlentafeln. 144 Seiten. 1951 Bd. 1151

**Festigkeitslehre.** Von W. Gehler und W. Herberg.
I: Elastizität, Plastizität und Festigkeit der Baustoffe und Bauteile. Durchgesehener und erweiterter Neudruck. Mit 118 Bildern. 159 Seiten. 1952 . . . . . . . . Bd. 1144

**Technische Schwingungslehre.** Von L. Zipperer.
I: Allgemeine Schwingungs-Gleichungen, einfache Schwinger. 2., neubearbeitete Auflage. Mit 101 Abbildungen. 120 Seiten. 1953 . . . . . . . . . . . . . . . Bd. 953

**Metallkunde.** Einführendes über Aufbau, Eigenschaften und Untersuchung von Metallen und Legierungen sowie über Grundlagen des Schmelzens, des Gießens, des Verformens, der Wärmebehandlung, der Oberflächenbehandlung, der Verbinde- und Trennarbeiten. Von H. Borchers. 2. Auflage.
I: Aufbau der Metalle und Legierungen. Mit 2 Tabellen und 90 Abbildungen. 110 Seiten. 1950 . . . . . . Bd. 432
II: Eigenschaften. Grundzüge der Form- und Zustandsgebung. Mit 8 Tabellen und 100 Abbildungen. 154 Seiten. 1952 . . . . . . . . . . . . . . . . . . . . . . Bd. 433

**Getriebelehre.** Von P. Grodzinski. 2., neubearbeitete Auflage.
I: Geometrische Grundlagen. Mit 142 Figuren. 159 Seiten. 1953 . . . . . . . . . . . . . . . . . . . . . . Bd. 1061

**Die Maschinenelemente.** Von E. A. vom Ende. 2., verbesserte Auflage. Mit 173 Figuren und 12 Tafeln. 159 Seiten. 1950 . . . . . . . . . . . . . . . . . . Bd. 3

**Das Maschinenzeichnen** mit Einführung in das Konstruieren. Von W. Tochtermann. 4. Auflage.
I: Das Maschinenzeichnen. Mit 77 Tafeln. 156 Seiten. 1950 . . . . . . . . . . . . . . . . . . . . . . . . Bd. 589
II: Ausgeführte Konstruktionsbeispiele. Mit 58 Tafeln. 130 Seiten. 1950 . . . . . . . . . . . . . . . . . . Bd. 590

**Die Dampfkessel und Feuerungen einschl. Hilfseinrichtungen** in Theorie, Konstruktion und Berechnung. Von W. Marcard †. 2. Auflage, neubearbeitet von K. Beck.
I: Die theoretischen Grundlagen. Wärme, Verbrennung, Wärmeübertragung. Mit 42 Abbildungen und 16 Tabellen. 150 Seiten. 1951 . . . . . . . . . . . . . . Bd. 9
II: Dampfkessel. Mit 53 Abbildungen. 147 Seiten. 1952 Bd. 521

**Gießereitechnik.** Von H. Jungbluth.
I: Eisengießerei. Mit 44 Abbildungen. 126 Seiten. 1951 Bd. 1159

**Autogenes Schweißen und Schneiden.** Von H. Niese. 5. Auflage. Von A. Küchler. 1953. In Vorbereitung . Bd. 499

**Die wichtigsten Baustoffe des Hoch- und Tiefbaus.** Von O. Graf. 4., verbesserte Auflage. Mit 63 Abbildungen. 131 Seiten. 1953 . . . . . . . . . . . . . . . . . . Bd. 984

**Baustoffverarbeitung und Baustellenprüfung des Betons.** Von A. Kleinlogel. 2., neubearbeitete und erweiterte Auflage. Mit 35 Abbildungen. 126 Seiten. 1951 . . Bd. 978

**Grundlagen des Stahlbetonbaues.** Von A. Troche. 2., neubearbeitete und erweiterte Auflage. Mit 75 Abbildungen, 17 Bemessungstafeln und 20 Rechenbeispielen. 208 Seiten. 1953 . . . . . . . . . . . . . . . . . . . . . . Bd. 1078

**Fenster, Türen, Tore** aus Holz und Eisen. Eine Anleitung zu ihrer guten Gestaltung, wirtschaftlichen Bemessung und handwerksgerechten Konstruktion. Von W. Wickop. 3., überarbeitete und ergänzte Auflage. Mit 96 Abbildungen. 154 Seiten. 1949 . . . . . . . . . . . . . Bd. 1092

**Heizung und Lüftung.** Von J. und W. Körting. 8. neubearbeitete Auflage.
I: Das Wesen und die Berechnung der Heizungs- und Lüftungsanlagen. Mit 29 Abbildungen und 18 Zahlentafeln. 140 Seiten. 1951 . . . . . . . . . . . . . Bd. 342
II: Die Ausführung der Heizungs- und Lüftungsanlagen. 1953. In Vorbereitung . . . . . . . . . . . . . . . Bd. 343

**Die Gleichstrommaschine.** Von K. Humburg. Durchgesehener Neudruck.
I: Mit 59 Abbildungen. 102 Seiten. 1949 . . . . . Bd. 257
II: Mit 38 Abbildungen. 98 Seiten. 1949 . . . . . Bd. 881

**Die synchrone Maschine.** Von K. Humburg. Neudruck. Mit 78 Bildern. 109 Seiten. 1951 . . . . . . . . . . Bd. 1146

**Transformatoren.** Von W. Schäfer. 2. Auflage. Mit 74 Abbildungen. 128 Seiten. 1949 . . . . . . . . . . . . . Bd. 952

**Die komplexe Berechnung von Wechselstromschaltungen.** Von H. K. Meinke. Mit 114 Abbildungen. 160 Seiten. 1949 . . . . . . . . . . . . . . . . . . . . . . . . Bd. 1156

**Theoretische Grundlagen zur Berechnung der Schaltgeräte.** Von F. Kesselring. 3. Auflage. Mit 92 Abbildungen. 144 Seiten. 1950 . . . . . . . . . . . . . . . . . . . Bd. 711

**Elektromotorische Antriebe** (Grundlagen für die Berechnung) Von A. Schwaiger. 3., neubearbeitete Auflage. Mit 34 Abbildungen. 96 Seiten. 1952 . . . . . . . . Bd. 827

**Überspannungen und Überspannungsschutz.** Von G. Frühauf. Durchgesehener Neudruck. Mit 98 Abbildungen. 122 Seiten. 1950 . . . . . . . . . . . . . . . . Bd. 1132

**Talsperren.** Von F. Tölke. Mit 70 Abbildungen. 122 Seiten. 1953 . . . . . . . . . . . . . . . . . . . . . . . . . Bd. 1044

**Verkehrswasserbau.** Von H. Dehnert.
I: Entwurfsgrundlagen, Flußregelungen. Mit 52 Textabbildungen. 103 Seiten. 1950 . . . . . . . . . . . Bd. 585
II: Flußkanalisierungen und Schiffahrtskunde. Mit 60 Textabbildungen. 94 Seiten. 1950. . . . . . . . Bd. 597
III: Schleusen und Hebewerke. Mit 70 Textabbildungen. 98 Seiten. 1950 . . . . . . . . . . . . . Bd. 1152

**Wehr- und Stauanlagen.** Von H. Dehnert. Mit 90 Textabbildungen. 134 Seiten. 1952 . . . . . . . . . . Bd. 965

# Geisteswissenschaften

## *Philosophie / Psychologie*

**Einführung in die Philosophie.** Von H. Leisegang. 145 Seiten. 1951 . . . . . . . . . . . . . . . . . . . . . Bd. 281

**Hauptprobleme der Philosophie.** Von G. Simmel. 7., unveränderte Auflage. 177 Seiten. 1950 . . . . . . . . Bd. 500

**Erkenntnistheorie.** Von G. Kropp.
I: Allgemeine Grundlegung. 143 Seiten. 1950 . . . . Bd. 807

**Geschichte der Philosophie. I.** Die griechische Philosophie. 1. Teil: Von Thales bis Leukippos. Von W. Capelle. 2., erweiterte Auflage. 135 Seiten. 1953 . . . . . . . . . Bd. 857

**Geschichte der Philosophie. II.** Die griechische Philosophie. 2. Teil: Von der Sophistik bis zum Tode Platons. Von W. Capelle. 2., stark erweiterte Auflage. 144 Seiten. 1953 . . . . . . . . . . . . . . . . . . . . . . . . Bd. 858

**Geschichte der Philosophie. VIII.** Die Philosophie des 19. Jahrhunderts I. Von G. Lehmann. 151 Seiten. 1953. Bd. 571

**Geschichte der Philosophie. IX.** Die Philosophie des 19. Jahrhunderts II. Von G. Lehmann. 168 Seiten. 1953 . . . . . . . . . . . . . . . . . . . . . . . . Bd. 709

**Die geistige Situation der Zeit (1931).** Von K. Jaspers. 3., unveränderter Abdruck der im Sommer 1932 bearbeiteten 5. Auflage. 211 Seiten. 1953 . . . . . . . . . . Bd. 1000

**Philosophisches Wörterbuch.** Von M. Apel. 4., unveränderte Auflage. 260 Seiten. 1953 . . . . . . . . . . Bd. 1031

**Therapeutische Psychologie.** Freud-Adler-Jung. Von W. M. Kranefeldt. Mit einer Einführung von C. G. Jung. 2. Auflage. 152 Seiten. 1950. . . . . . . . . . . . . Bd. 1034

## *Religionswissenschaften*

**Jesus.** Von M. Dibelius †. 2. Auflage. Unveränderter Neudruck. 137 Seiten. 1949 . . . . . . . . . . . . . . Bd. 1130

**Paulus.** Von M. Dibelius †. Nach dem Tode des Verfassers herausgegeben und zu Ende geführt von W. G. Kümmel. 155 Seiten. 1951 . . . . . . . . . . . . . . . . . Bd. 1160

## *Musik / Kunst*

**Musikästhetik.** Von H. J. Moser. 180 Seiten. 1953. . . Bd. 344

**Systematische Modulation.** Von R. Hernried. 2. Auflage. 136 Seiten. 1950 . . . . . . . . . . . . . . . . . Bd. 1094

**Der polyphone Satz.**
I: Der cantus-firmus-Satz. Von E. Pepping. 2. Auflage. 223 Seiten. 1950 . . . . . . . . . . . . . . . . . . Bd. 1148

**Die Musik des 19. Jahrhunderts.** Von W. Oehlmann. 1953. In Vorbereitung. . . . . . . . . . . . . . . . . . . . Bd. 170

**Stilkunde.** Von H. Weigert. 2. Auflage.
I: Vorzeit, Antike, Mittelalter. 1953. In Vorbeitung Bd. 80
II: Spätmittelalter und Neuzeit. 1953. In Vorbeitung Bd. 781

**Die Kunst des Dirigierens.** Von H. W. Sartorius von Waltershausen. 2. Auflage. 1953. In Vorbereitung . . Bd. 1147

## *Geschichte*

### *Allgemeines / Vor- und Frühgeschichte / Altertum Mittelalter und Neuzeit / Kulturgeschichte*

**Einführung in die Geschichtswissenschaft.** Von P. Kirn. 2. Auflage. 121 Seiten. 1952. . . . . . . . . . . . Bd. 270

**Kultur der Urzeit.** Von F. Behn. 4. Auflage der „Kultur der Urzeit" Band I – III. Von M. Hoernes.
I: Die vormetallischen Kulturen. (Die Steinzeiten Europas. Gleichartige Kulturen in anderen Erdteilen) Mit 48 Abbildungen. 172 Seiten. 1950 . . . . . . . . Bd. 564
II: Die älteren Metallkulturen. (Der Beginn der Metallbenutzung. Kupfer- und Bronzezeit in Europa, im Orient und in Amerika) Mit 67 Abbildungen. 160 Seiten. 1950 Bd. 565
III: Die jüngeren Metallkulturen. (Das Eisen als Kulturmetall. Hallstatt-Latène-Kultur in Europa. Das erste Auftreten des Eisens in den anderen Erdteilen.) Mit 60 Abbildungen. 149 Seiten. 1950 . . . . . . . . . . Bd. 566

**Vorgeschichte Europas.** Von F. Behn. Völlig neue Bearbeitung der 7. Auflage der „Urgeschichte der Menschheit" von M. Hoernes. Mit 47 Abbildungen. 125 Seiten. 1949 Bd. 42

**Archäologie.** Von A. Rumpf.
I: Einleitung, historischer Überblick. Mit 6 Abbildungen im Text und 12 Tafeln. 143 Seiten. 1953 . . . . . Bd. 538

**Zeitrechnung der römischen Kaiserzeit, des Mittelalters und der Neuzeit.** Für die Jahre 1 bis 2000 n. Chr. Von H. Lietzmann. 2. Auflage. Von A. Hofmeister. 1953. In Vorbereitung. . . . . . . . . . . . . . . . . . . . . Bd. 1085

**Quellenkunde der deutschen Geschichte im Mittelalter** (bis zur Mitte des 15. Jahrhunderts). Von K. Jacob.
I: Einleitung, allgemeiner Teil. Die Zeit der Karolinger. 5. Auflage. 118 Seiten. 1949. . . . . . . . . . . . Bd. 279
II: Die Kaiserzeit (911 - 1250) 4. Auflage. 127 Seiten. 1949 . . . . . . . . . . . . . . . . . . . . . . . . . . Bd. 280
III: Das Spätmittelalter (vom Interregnum bis 1500). Unter Verwertung der Hinterlassenschaft herausgegeben von F. Weden. 152 Seiten. 1952 . . . . . . . . . . Bd. 284

**Von den Karolingern zu den Staufern.** Die altdeutsche Kaiserzeit (900 – 1250). Von J. Haller. 3. Auflage. Mit 4 Karten. 141 Seiten. 1944 . . . . . . . . . . . . . Bd. 1065

**Deutsche Geschichte im Zeitalter der Reformation,** der Gegenreformation und des 30jährigen Krieges. Von F. Hartung. 129 Seiten. 1951. . . . . . . . . . . . . Bd. 1105

**Geschichte Englands.** Von H. Preller.
I: bis 1815. 3., stark umgearbeitete Auflage. 135 Seiten. Mit 7 Stammtafeln und 2 Karten im Text. 1952 . . Bd. 375

## *Sprach- und Literaturwissenschaften*

### *Indogermanisch / Germanisch*

**Gotisches Elementarbuch.** Grammatik, Texte mit Übersetzung und Erläuterungen. Mit einer Einleitung von H. Hempel. 2., umgearbeitete Auflage. 165 Seiten. 1953 . . . . . . . . . . . . . . . . . . . . . . . . . . Bd. 79

**Indogermanische Sprachwissenschaft.** Von H. Krahe. 2. Auflage. 134 Seiten. 1948. . . . . . . . . . . . Bd. 59

**Germanische Sprachwissenschaft.** Von H. Krahe. 2. Auflage.
I: Einleitung und Lautlehre. 127 Seiten. 1948 . . Bd. 238
II: Formenlehre. 140 Seiten. 1948 . . . . . . . . . Bd. 780

**Althochdeutsches Elementarbuch.** Von Naumann-Beetz. 1953. In Vorbereitung . . . . . . . . . . . . . . . Bd. 1111

**Altnordisches Elementarbuch.** Schrifttum, Sprache, Texte mit Übersetzung und Wörterbuch. Von F. Ranke. 2., durchgesehene Auflage. 146 Seiten. 1949 . . . . Bd. 1115

## *Deutsche Sprache und Literatur*

**Deutsches Rechtschreibungswörterbuch.** Von M. Gottschald. Etwa 17 Bogen. 1953. In Vorbeitung . . Bd. 200/200a

**Deutsche Wortkunde.** Eine kulturgeschichtliche Betrachtung des deutschen Wortschatzes. Von A. Schirmer. 3., durchgesehene Auflage. 109 Seiten. 1949 . . . . Bd. 929

**Deutsches Dichten und Denken** von der germanischen bis zur staufischen Zeit (Deutsche Literaturgeschichte vom 5. bis 13. Jahrhundert). Von H. Naumann. 2., verbesserte Auflage. 166 Seiten. 1952 . . . . . . . . . Bd. 1121

**Deutsches Dichten und Denken vom Mittelalter zur Neuzeit.** (1270 bis 1700). Von G. Müller. 2., durchgesehene Auflage. 159 Seiten. 1949 . . . . . . . . . . . . Bd. 1086

**Deutsches Dichten und Denken von der Aufklärung bis zum Realismus** (Deutsche Literaturgeschichte von 1700 bis 1890). Von K. Viëtor. 2., durchgesehene Auflage. 156 Seiten. 1949 . . . . . . . . . . . . . . . . . . Bd. 1096

**Deutsche Sprachlehre.** Von W. Hofstaetter. 9., neubearbeitete Auflage von G. Spree. 144 Seiten. 1953 . . . Bd. 20

**Sprechen und Sprachpflege.** (Die Kunst des Sprechens.) Von H. Feist. 2., verbesserte Auflage. Mit 25 Abbildungen. 99 Seiten. 1952 . . . . . . . . . . . . . . Bd. 1122

**Der Nibelunge Nôt** in Auswahl mit kurzem Wörterbuch herausgegeben von K. Langosch. 9., umgearbeitete Auflage. 164 Seiten. 1953 . . . . . . . . . . . . Bd. 1

## *Englische Sprache / Romanische Sprache und Literatur*

**Altenglisches Elementarbuch.** Einführung, Grammatik, Texte mit Übersetzung und Wörterbuch. Von M. Lehnert. 2., verbesserte und vermehrte Auflage. 176 Seiten. 1950 . . . . . . . . . . . . . . . . . . . . . Bd. 1125

**Beowulf.** Eine Auswahl mit Einführung, teilweiser Übersetzung, Anmerkungen und etymologischem Wörterbuch. Von M. Lehnert. 2., verbesserte Auflage. 135 Seiten. 1949 . . . . . . . . . . . . . . . . . . . . . Bd. 1135

**Englische Literaturgeschichte.** Von F. Schubel.
I: Die alt- und mittelenglische Periode. 1953. In Vorbereitung . . . . . . . . . . . . . . . . . . . Bd. 1114

**Italienische Literaturgeschichte.** Von K. Voßler. Unveränderter Nachdruck der 1927 erschienenen 4., durchgesehenen und verbesserten Auflage. 148 Seiten. 1948 Bd. 125

## *Griechisch / Lateinisch*

**Griechische Sprachwissenschaft.** Von W. Brandenstein. 1953. In Vorbereitung . . . . . . . . . . . . . . . Bd. 117

**Geschichte der griechischen Sprache.** Von O. Hoffmann. 3., umgearbeitete Auflage von A. Debrunner.
I: bis zum Ausgang der klassischen Zeit. 1953. In Vorbereitung . . . . . . . . . . . . . . . . . . . . . . Bd. 111

**Geschichte der griechischen Literatur.** Von W. Nestle. 2., verbesserte Auflage.
I: Von den Anfängen bis auf Alexander d. Gr. 148 Seiten. 1950 . . . . . . . . . . . . . . . . . . . . . Bd. 70
II: Von Alexander d. Gr. bis zum Ausgang der Antike. 128 Seiten. 1945 . . . . . . . . . . . . . . . . . Bd. 557

**Geschichte der lateinischen Sprache.** Von F. Stolz. 3., stark umgearbeitete Auflage von A. Debrunner. 136 Seiten. 1953 . . . . . . . . . . . . . . . . . . . . . Bd. 492

## *Orientalia / Russisch*

**Sanskrit-Grammatik.** Von M. Mayrhofer. 89 Seiten. 1953 Bd. 1158

**Hebräische Grammatik.** Von G. Beer. 2., völlig neubearbeitete Auflage von R. Meyer.
I: Schrift-, Laut- und Formenlehre I. 157 Seiten. 1952 Bd. 763/763a
II: Schrift-, Laut- und Formenlehre II. 1953. In Vorbereitung . . . . . . . . . . . . . . . . . . . . . Bd. 764/764a

**Russische Grammatik.** Von E. Berneker. 6., unveränderte Auflage von M. Vasmer. 155 Seiten. 1947 . . . . . Bd. 66

## *Erd- und Länderkunde*

**Afrika.** Von F. Jaeger. 2. Auflage.
I: Physische Erdkunde. 1953. In Vorbereitung. . . Bd. 910
II: Geographie des Menschen und seiner Kultur. 1953. In Vorbeitung . . . . . . . . . . . . . . . . . . Bd. 911

**Australien und Ozeanien.** Von H.-J. Krug. Mit 46 Skizzen. 176 Seiten. 1953 . . . . . . . . . . . . . . . . . . Bd. 319

**Kartenkunde.** Von M. Eckert-Greifendorff. Durchgesehen von W. Kleffner. 3. Auflage. Mit 63 Abbildungen. 149 Seiten. 1950 . . . . . . . . . . . . . . . . . . Bd. 30

## *Wirtschaftswissenschaften / Gesellschaftskunde*

**Allgemeine Betriebswirtschaftslehre.** Von K. Mellerowicz. 7., veränderte Auflage.
I: 142 Seiten. 1952 . . . . . . . . . . . . . . . . Bd. 1008
II: 112 Seiten. 1952 . . . . . . . . . . . . . . . . Bd. 1153
III: 143 Seiten. 1952 . . . . . . . . . . . . . . . . Bd. 1154

**Soziologie.** Geschichte und Hauptprobleme. Von L. von Wiese. 4. Auflage. 151 Seiten. 1950 . . . . . . . . Bd. 101

## Sammlung Göschen / Bandnummernfolge

1 Langosch, Der Nibelunge Nôt
3 vom Ende, Die Maschinenelemente
9 Marcard-Beck, Die Dampfkessel I
20 Hofstaetter, Deutsche Sprachlehre
30 Kleffner, Kartenkunde
37 Klemm, Anorganische Chemie
42 Behn, Vorgeschichte Europas
51 Bürklen-Ringleb, Mathematische Formelsammlung
59 Krahe, Indogermanische Sprachwissenschaft
66 Berneker-Vasmer, Russische Grammatik
70 Nestle, Griechische Literaturgeschichte I
79 Hempel, Gotisches Elementarbuch
80 Weigert, Stilkunde I
87 Witting, Differentialrechnung
88 Integralrechnung
101 von Wiese, Soziologie
111 Hoffmann-Debrunner, Gesch. d. griech. Sprache I
117 Brandenstein, Griechische Sprachwissenschaft
125 Vossler, Italienische Literaturgeschichte
136 Mahler, Physikalische Formelsammlung
141 Geitler, Morphologie der Pflanzen
142 Haussner, Darstellende Geometrie I
143 Haussner, Darstellende Geometrie II
146 Witting, Repetitorium und Aufgabensammlung zur Diff.-Rechn.
147 Witting, Repetitorium und Aufgabensammlung z. Integralrechn.
170 Oehlmann, Musik des 19. Jahrhunderts
180 Böhm, Versicherungsmathematik I
200/200a Gottschald, Deutsches Rechtschreibungs-Wörterbuch
210 Bruhns-Ramdohr, Kristallographie
221 Jander-Jahr, Maßanalyse I
222 Hassak-Beutel, Warenkunde I
223 Hassak-Beutel, Warenkunde II
226 Hofmann, Geschichte der Mathematik I
228 Vogel, Landwirtschaftliche Tierzucht
238 Krahe, Germanische Sprachwissenschaft I
243 Mahler, Physikalische Aufgabensammlung
247 Hoppe, Analytische Chemie I
248 Hoppe, Analytische Chemie II
252 Dassler, Elektrochemie I
253 Dassler, Elektrochemie II
256 Haussner, Aufgabensammlung zur analyt. Geometrie der Ebene
257 Humburg, Die Gleichstrommaschine I
264 Lockemann, Geschichte der Chemie I

270 Kirn, Einführung in die Geschichtswissenschaft
279 Jacob, Quellenkunde der deutschen Geschichte I
280 Jacob, Quellenkunde der deutschen Geschichte II
281 Leisegang, Einführung in die Philosophie
284 Jacob-Weden, Quellenkunde der deutschen Geschichte III
319 Krug, Australien und Ozeanien
329 Scharrer, Agrikulturchemie I
335 Braun-Klug, Die Fette und Öle
336 Braun-Klug, Seifenfabrikation
342 Körting, Heizung und Lüftung I
343 Körting, Heizung und Lüftung II
344 Moser, Musikaesthetik
354 Valentiner, Vektoranalysis
355 Neger-Münch, Die Nadelhölzer
375 Preller, Geschichte Englands
423 Adler, Fünfstellige Logarithmen
432 Borchers, Metallkunde I
433 Borchers, Metallkunde II
445 Asmus, Physikalisch-chemische Rechenaufgaben
452 Bahrdt-Scheer, Stöchiometrische Aufgabensammlung
468 Werkmeister, Vermessungskunde I
469 Werkmeister, Vermessungskunde II
483 Henglein, Lötrohrprobierkunde
492 Stolz-Debrunner, Geschichte der lateinischen Sprache
499 Niese, Autogenes Schweißen
500 Simmel, Hauptprobleme der Philosophie
521 Marcard-Beck, Dampfkessel und Feuerungen II
538 Rumpf, Archäologie I
557 Nestle, Griechische Literaturgeschichte II
564 Behn, Kultur der Urzeit I
565 Behn, Kultur der Urzeit II
566 Behn, Kultur der Urzeit III
571 Lehmann, Philosophie des 19. Jahrhunderts I
579 Müller, Technische Tabellen
585 Dehnert, Verkehrswasserbau I
589 Tochtermann, Das Maschinenzeichnen I
590 Tochtermann, Das Maschinenzeichnen II
594 Lengerken, Tierreich IV/3: Insekten
597 Dehnert, Verkehrswasserbau II
619 Buchwald, Kristalloptik
668 Knopp, Funktionentheorie I
691 Fauser, Kulturtechnische Bodenverbesserungen I
692 Fauser, Kulturtechnische Bodenverbesserungen II
698 Schulze, Allgemeine und physikalische Chemie II
703 Knopp, Funktionentheorie II
709 Lehmann, Philosophie des 19. Jahrhunderts II
711 Kesselring, Elektrische Schaltgeräte I
718 Neger-Münch, Die Laubhölzer
763/63a Beer-Meyer, Hebräische Grammatik I
764/64a Beer-Meyer, Hebräische Grammatik II
768 Bieberbach, Einführung in die konforme Abbildung
780 Krahe, Germanische Sprachwissenschaft II
781 Weigert, Stilkunde II
807 Kropp, Erkenntnistheorie I
827 Schwaiger, Elektromotorische Antriebe
837 Baumgartner, Gruppentheorie
857 Capelle, Griechische Philosophie I
858 Capelle, Griechische Philosophie II
862 Werkmeister, Vermessungskunde III

877 Knopp, Aufgabensammlung zur Funktionentheorie I
878 Knopp, Aufgabensammlung zur Funktionentheorie II
881 Humburg, Die Gleichstrommaschine II
902 Müller, Dynamik I
903 Müller, Dynamik II
910 Jaeger, Afrika I
911 Jaeger, Afrika II
917/17a Böhm, Versicherungsmathematik II
920 Hoheisel, Gewöhnliche Differentialgleichungen
929 Schirmer, Deutsche Wortkunde
930 Krull, Elementare und klassische Algebra I
931 Hasse, Höhere Algebra I
932 Hasse, Höhere Algebra II
952 Schäfer, Transformatoren
953 Zipperer, Technische Schwingungslehre
965 Dehnert, Wehr- und Stauanlagen
970 Baldus, Nichteuklidische Geometrie
972 Herter, Tierphysiologie I
973 Herter, Tierphysiologie II
978 Kleinlogel, Baustoffverarbeitung und Baustellenprüf. des Betons
984 Graf, Die wichtigsten Baustoffe des Hoch- und Tiefbaues
1000 Jaspers, Geistige Situation der Zeit
1002 Jander-Jahr, Maßanalyse II
1003 Hoheisel, Partielle Differentialgleichungen
1008 Mellerowicz, Allgemeine Betriebswirtschaftslehre I
1014 Huttenlocher, Mineral- und Erzlagerstättenkunde I
1015/15a Huttenlocher, Mineral- und Erzlagerstättenkunde II/III
1031 Apel, Philosophisches Wörterbuch
1034 Kranefeldt, Therapeutische Physiologie
1044 Tölke, Talsperren
1057 Roth, Thermochemie
1059 Hoheisel, Aufgabensamml. zu den gew. u. partiellen Diff.-Gleich.
1061 Grodzinski, Getriebelehre I
1065 Haller, Von den Karolingern zu den Staufern
1070 Sauter, Differentialgleichungen der Physik
1078 Troche, Stahlbetonbau
1082 Hasse, Aufgabensammlung zur Höheren Algebra
1084 Nusselt, Technische Thermodynamik I
1085 Lietzmann, Zeitrechnung
1086 Müller, Deutsches Dichten u. Denken vom Mittelalter zur Neuzeit
1092 Wickop, Fenster, Türen, Tore
1094 Hernried, Systematische Modulation
1096 Viëtor, Deutsches Dichten und Denken v. d. Aufkl. b. z. Realism.
1105 Hartung, Deutsche Geschichte der Neuzeit I
1109 Knopp, Elemente der Funktionentheorie
1111 Naumann-Beetz, Althochdeutsches Elementarbuch
1114 Schubel, Englische Literaturgeschichte I
1115 Ranke, Altnordisches Elementarbuch
1116 Meissner, Englische Literaturgeschichte II
1121 Naumann, Deutsches Dichten und Denken I
1122 Feist, Sprechen und Sprachpflege
1123 Bechert-Gehrtsen, Atomphysik III
1124 Meissner, Englische Literaturgeschichte III
1125 Lehnert, Altenglisches Elementarbuch
1127 Hartmann, Geschlecht und Geschlechtsbestimmung im Tier- und Pflanzenreich
1128 Buchner, Symbiose der Tiere mit pflanzlichen Mikroorganismen
1130 Dibelius, Jesus
1132 Frühauf, Überspannungen und Überspannungsschutz

1134 Kuckuck, Pflanzenzüchtung
1135 Lehnert, Beowulf
1136 Meissner, Englische Literaturgeschichte IV
1137 Heil, Entwicklungsgeschichte des Tier- und Pflanzenreichs
1138 Hämmerling, Fortpflanzung im Tier- und Pflanzenreich
1141 Koller, Hormone
1144 Gehler, Festigkeitslehre I
1146 Humburg, Die synchrone Maschine
1147 Sartorius von Waltershausen, Kunst des Dirigierens
1148 Pepping, Der polyphone Satz I
1151 Nusselt, Technische Thermodynamik II
1152 Dehnert, Verkehrswasserbau III
1153 Mellerowicz, Allgemeine Betriebswirtschaftslehre II
1154 Mellerowicz, Allgemeine Betriebswirtschaftslehre III
1155 Schwartz, Mikrobiologie I
1156 Meinke, Komplexe Berechn. der Wechselstromschaltungen
1157 Schwartz, Mikrobiologie II
1158 Mayrhofer, Sanskrit-Grammatik
1159 Jungbluth, Gießereitechnik I
1160 Dibelius-Kümmel, Paulus
1162 Seidel, Entwicklungsphysiologie der Tiere I
1163 Seidel, Entwicklungsphysiologie der Tiere II

---

*Auf Wunsch versenden wir*

**kostenlos**

*unsere Auswahlverzeichnisse:*

**Allgemeine Geisteswissenschaften.** 32 Seiten. Stand Juni 1953
**Mathematik.** 17 Seiten. Stand August 1953
**Medizin.** 24 Seiten. Stand Mai 1953
**Naturwissenschaften.** 32 Seiten. Stand Mai 1953
**Rechtswissenschaften.** 40 Seiten. Stand Mai 1953
**Sprach- und Literaturwissenschaften / Geschichte.** 32 Seiten. Stand Juni 1953
**Technik.** 32 Seiten. Stand Juni 1953
**Theologie.** 33 Seiten. Stand August 1953